编委会成员：

朱　兵（全国人大教科文卫委员会文化室主任）

孙　雷（全国人大教科文卫委员会文化室副主任）

张永新（文化和旅游部政策法规司司长）

李　宏（文化和旅游部公共服务司司长）

饶　权（国家图书馆馆长）

韩永进（全国人大教科文卫委员会委员）

王建华（文化和旅游部政策法规司副司长）

陈彬斌（文化和旅游部公共服务司副司长）

白雪华（文化和旅游部公共服务司副司长）

撰稿人：

陈　力　汪东波　申晓娟　冯守仁　吴建中　吕　芳

柯　平　李国新　贾旭东　方家忠　范并思　巫志南

李东来　金武刚　李　丹　张若冰　张孝天　刘宇初

贾东琴　彭琳彦　谭丽琼　陈丽纳　何　虹　曲　蕴

马　春　蔡　冰　钟敬忠　莫启仪　李晓辉

编委会工作人员：

温　泉　李婧一　肖谋用　王晓松　石钢斌　张　剑

王珊珊　刘惟杰　吴潇潇　荆倩金　范世琦　杨　腊

权威读本

中华人民共和国
公共图书馆法
解读

《中华人民共和国公共图书馆法解读》编写组
编 著

中国法制出版社
CHINA LEGAL PUBLISHING HOUSE

目　　录

附录二

附录三

第一章　总　　则

本章是法律的总则，是法律的目的以及基本原则、基本内容的纲领性、概括性表述。

本章共十二条，阐述了公共图书馆法的立法宗旨，对公共图书馆的内涵作出了法律界定，明确公共图书馆是公共文化服务体系的重要组成部分，指明了公共图书馆应当坚持社会主义先进文化前进方向，明确了各级政府保障公共图书馆事业的基本责任，规定了我国公共图书馆事业的管理体制。本章还对鼓励社会力量参与，扶持革命老区、民族地区、边疆地区和贫困地区公共图书馆事业发展，发挥科技作用，开展国际交流与合作，依法保护和使用文献信息，发挥行业组织作用等作出了原则规定。

第一条　为了促进公共图书馆事业发展，发挥公共图书馆功能，保障公民基本文化权益，提高公民科学文化素质和社会文明程度，传承人类文明，坚定文化自信，制定本法。

条文解读

本条是关于立法目的的规定。

一、促进公共图书馆事业发展，发挥公共图书馆功能

公共图书馆是传承人类文明、传播先进文化、开展社会教育的重要场所，是公共文化服务体系的重要组成部分。在党和政府的高度重视和社会主义文化事业繁荣发展的大背景下，我国公共图书馆事业发展成就显著。截至 2017 年底，我国共有县级以上独立建制的公共图书馆 3166 个，全国县以上公共图书馆实际建筑面积 1515 万平方米，阅览室坐席数 106.42 万个，供读者使用的电子阅览终端 14.42 万台；馆藏总量 96953 万册；总流通人次 74450 万，书刊文献外借册次 55091 万；2017 年全年共举办各种社会教育活动 15.56 万次，参加人次 8856.76 万。各级公共图书馆通过收集、整理、保存文献信息，提供文献信息查询、借阅等服务，开放公共空间设施场地，开展公益性讲座、阅读推广、培训、展览等方式积极发挥功能，为经济社会发展和国民素质提升作出了重要贡献。

我国公共图书馆事业发展在取得显著成绩的同时，也存在着诸如公共图书馆服务体系建设有待加强、布局有待优化、管理制度有待完善等问题。公共图书馆法的颁布，指明了公共图书馆事业发展的方向，确立了一系列推动公共图书馆事业发展的重要制度，为我国公共图书馆事业的进一步发展和公共图书馆功能的进一步发挥提供了法律指引和保障。

二、保障公民基本文化权益

《中华人民共和国宪法》规定，国家发展为人民服务、为社会主义服务的图书馆事业，开展群众性的文化活动，并赋予了我国公民进行科学研究、文学艺术创作和其他文化活动的自由。《中共中央关于深化文化体制改革推动社会主义文化大发展大繁荣若干重大问题的决定》提出，公民的基本公共文化权益包括“看电视、听广播、读书看报、进行公共文化鉴赏、参与公共文化活动等”。党的十六大、十七大、十八大报告均提到要更好地保障人民基本文化权益，党的十七大报告指出要“坚持把发展公益性文化事业作为保障人民基本文化权益的主要途径”。党的十九大报告提出“满足人民过上美好生活的新期待，必须提供丰富的精神食粮”。通过制定公共图书馆法，完善公共图书馆服务体系，有利于保障公民更好地享受公共图书馆服务，从而更好地保障公民基本文化权益。

三、提高公民科学文化素质和社会文明程度

党的十八大报告提出要建设社会主义文化强国，要让“人民思想道德素质和科学文化素质全面提高”。党的十九大报告提出“要提高人民思想觉悟、道德水准、文明素养，提高全社会文明程度”，将“社会文明程度达到新的高度”作为社会主义现代化建设的重要目标和内容。联合国教科文组织（UNESCO）和国际图书馆协会与机构联合会（IFLA）1994 年发布的《公共图书馆宣言》指出，“公共图书

馆是人们寻求知识的渠道，为个人和社会群体的终身教育、自由决策和文化发展提供了基本条件”。公共图书馆法的制定，有利于促进公共图书馆服务质量和水平的提升，进一步丰富人民群众的精神文化生活，提高公民科学文化素质和社会文明程度。

四、传承人类文明

公共图书馆是传承人类文明的重要平台，《公共图书馆宣言》指出，公共图书馆的使命包括：“加强文化遗产意识，提高对艺术、科技成就与创新的鉴赏力”“提供接触各种表演艺术文化展示的机会”“促进不同文化之间的对话，支持文化多样性”“支持口述传统文化”等。公共图书馆通过收集、整理、保存文献信息，向社会公众传递文献信息，开展社会教育等，传承人类文明成果。公共图书馆法的出台，为公共图书馆事业的发展提供了更好的保障，有利于公共图书馆更好地发挥传承人类文明的作用。

五、坚定文化自信

党的十八大以来，习近平总书记多次强调文化自信的重要作用，他指出：“文化自信是更基础、更广泛、更深厚的自信，是更基本、更深沉、更持久的力量。坚定文化自信，是事关国运兴衰、事关文化安全、事关民族精神独立性的大问题”。党的十九大报告指出：“文化是一个国家、一个民族的灵魂。文化兴国运兴，文化强民族强。没有高度的文化自信，没有文化的繁荣兴盛，就没有中华民族伟大复兴。”公共图书馆是传承和弘扬中华优秀传统文化的重要平台，是传播社会主义先进文化的重要阵地，是人民群众了解和学习中华优秀传统文化和社会主义先进文化的重要渠道。公共图书馆法确立了公共图书馆在传承中华优秀传统文化、坚定文化自信方面的重要作用，本法第三条还明确了公共图书馆的发展方针，指出公共图书馆应当坚持社会主义先进文化前进方向，坚持以人民为中心，坚持以社会主义核心价值观为引领，传承发展中华优秀传统文化，继承革命文化，发展社会主义先进文化。

第二条 本法所称公共图书馆，是指向社会公众免费开放，收集、整理、保存文献信息并提供查询、借阅及相关服务，开展社会教育的公共文化设施。

前款规定的文献信息包括图书报刊、音像制品、缩微制品、数字资源等。

条文解读

本条是关于公共图书馆定义的规定和文献信息范围的界定。

一、公共图书馆定义

（一）向社会公众免费开放

向社会公众免费开放，体现了公共图书馆平等、免费的基本要求。《公共图书馆宣言》提出，“每一个人都有平等享受公共图书馆服务的权利，而不受年龄、种族、性别、宗教信仰、语言和社会地位的限制”，并指出“公共图书馆原则上应该无偿提供服务”。2011年，原文化部[①]联合财政部发布《关于推进全国美术馆公共图书馆文化馆（站）免费开放工作的意见》，对全国公共图书馆的免费开放工作进行明确部署。本法第三十三条进一步规定公共图书馆应当按照平等、开放、共享的要求向社会公众提供服务，并规定了公共图书馆免费向社会公众提供的服务内容。

（二）收集、整理、保存文献信息

收集、整理、保存文献信息是公共图书馆提供文献信息查询、借阅及相关服务、开展社会教育的基础和前提，本法第十五条明确规定设立公共图书馆应当具备的条件之一是有与其功能相适应的文献信息。

公共图书馆应当根据办馆宗旨和服务对象的需求，广泛收集文献信息。公共图书馆收集的文献信息需要满足不同群体的需求，覆盖不同的载体，并反映地方文化。本法第二十五条规定公共图书馆收集文献信息的主要方式包括采购、接受交存、捐赠等，并在第二十四条、第三十条规定了公共图书馆收集文献信息的具体要求。

---

① 2018年，根据《中共中央关于深化党和国家机构改革的决定》和《深化党和国家机构改革方案》的要求，国务院组建文化和旅游部，不再保留文化部、国家旅游局。

公共图书馆应当按照国家公布的标准、规范对馆藏文献信息进行分类、编目、排架等整理工作。本法第二十七条明确规定了公共图书馆整理文献信息的要求，第三十条还规定国家支持公共图书馆开展联合编目。

公共图书馆还应当利用必备的设施、设备、空间等妥善保存馆藏文献信息，本法第二十八条规定了公共图书馆保存馆藏文献信息的具体要求，对属于文物、档案、国家秘密等特殊馆藏文献的保存，还应遵守本法第十条的规定。

（三）提供查询、借阅及相关服务

公共图书馆通过提供查询、借阅及相关服务向社会公众传播文献信息，文献信息查询、借阅是社会公众获取公共图书馆服务的主要形式之一。本法第二十七条规定公共图书馆应当建立馆藏文献信息目录，并依法通过其网站或者其他方式向社会公开。公共图书馆可以通过网站、人工服务、自助服务设施等多种方式和渠道，向社会公众提供文献信息查询服务。文献信息借阅服务包括文献信息外借服务和阅览服务，公共图书馆应当充分利用其馆藏文献信息资源、馆舍空间、设施设备等，为社会公众提供方便快捷的外借和阅览服务。本法第三十八条规定，公共图书馆的借阅规则应当通过其网站或者其他方式向社会公告。本法第三十三条还规定公共图书馆的文献信息查询和借阅服务均应免费向社会公众提供。此外，为了更好地满足社会公众查询、借阅文献信息的需求，公共图书馆还应提供例如参考咨询、公共空间开放等相关服务。

（四）开展社会教育

为个人和社会群体的终身教育与发展服务是公共图书馆的重要使命。公共图书馆通过向社会公众提供相应载体的资料、帮助用户有效地利用学习资源并提供人们学习的设施，支持个人的自我学习，发挥社会教育的功能。公共图书馆开展社会教育活动的具体形式包括：传播文献信息，举办讲座，开展阅读推广、培训、展览等。

（五）公共文化设施

《中华人民共和国公共文化服务保障法》第十四条第一款规定："本法所称公共文化设施是指用于提供公共文化服务的建筑物、场地和设备，主要包括图书馆、博物馆、文化馆（站）……公共数字文化服务点等。"本法对公共图书馆的定义与公共文化服务保障法一致，明确公共图书馆属于公共文化设施的范畴，并在第三条进一步明确，公共图书馆是社会主义公共文化服务体系的重要组成部分。

准确理解本法对公共图书馆的定义，还需要把握两个问题：一是公共图书馆的设立主体。根据本法规定，按照设立主体的不同，我国公共图书馆可以分为政府设立的公共图书馆和社会力量设立的公共图书馆。政府是指县级以上各级人民政府，社会力量包括公民、法人和其他组织。其中社会力量设立的图书馆只有满足本法相关规定和要求的才能被纳入公共图书馆的范畴。本法部分条款的适用主体不包含社会力量设立的公共图书馆，如第十九条第一款、第三十四条、第三十九条等条款均指明适用于“政府设立的公共图书馆”。二是公共图书馆法的调整范围。本法调整范围是符合本法规定的公共图书馆，学校图书馆、科研机构图书馆及其他类型图书馆不在本法调整范围内。但本法第四十八条规定国家支持公共图书馆加强与学校图书馆、科研机构图书馆以及其他类型图书馆的交流与合作，开展联合服务，并支持上述类型图书馆向社会公众开放。

二、文献信息范围

本款列举了公共图书馆文献信息的几种主要类型，分别是图书报刊、音像制品、缩微制品、数字资源等。

图书报刊包括图书、报纸和期刊。其中，图书是指用文字、图画或其他符号，在纸张等载体上记录各种知识、思想和技艺，并且制装成卷册的出版物，又称书籍；报纸是指以刊载新闻和新闻评论为主，通常散页印刷，不装订、没有封面的纸质出版物，有固定名称，面向社会公众，定期、连续发行；期刊是指定期或不定期成册连续出版的印刷读物，又称杂志，有固定刊名，以期、卷号或年、月顺序编号出版，每期版式基本相同，根据一定的编辑方针，将众多作者的作品汇集成册出版；音像制品指录有内容的录音带、录像带、唱片、激光唱盘和激光视盘等；缩微制品指以符号、文字、图像等形式，高密度缩摄，使印刷型等文献成为体积很小的信息载体；数字资源是指经过选择、组织和加工处理，以数字格式存在的各种媒介信息，如数据库、电子期刊、电子图书、网页等。此外，文献信息还包括专利、标准、学位论文等。

第三条　公共图书馆是社会主义公共文化服务体系的重要组成部分，应当将推动、引导、服务全民阅读作为重要任务。

公共图书馆应当坚持社会主义先进文化前进方向，坚持以人民为中心，坚持以社会主义核心价值观为引领，传承发展中华优秀传统文化，继承革命文化，发展社会主义先进文化。

条文解读

本条是关于公共图书馆的地位、重要任务、发展方向的规定。

一、公共图书馆的定位与任务

（一）公共图书馆是社会主义公共文化服务体系的重要组成部分

公共文化服务体系是公共文化产品和服务提供、制度和系统建设的统称，是政府向人民群众提供公共文化服务的实现途径和保障体系。《中华人民共和国宪法》第二十二条第一款规定："国家发展为人民服务、为社会主义服务的文学艺术事业、新闻广播电视事业、出版发行事业、图书馆博物馆文化馆和其他文化事业，开展群众性文化活动。”强调了图书馆的文化事业性质和为人民服务、为社会主义服务的基本要求。公共文化服务保障法第二条规定，公共文化服务的内容包括“公共文化设施、文化产品、文化活动以及其他相关服务”，第十四条明确将图书馆列入公共文化设施范畴。本法规定公共图书馆是社会主义公共文化服务体系的重要组成部分，进一步强调了公共图书馆在公共文化服务提供中的基础性、必备性和重要性地位。

（二）公共图书馆应当将推动、引导、服务全民阅读作为重要任务

公共文化服务保障法第二十七条规定：“各级人民政府应当充分利用公共文化设施，促进优秀公共文化产品的提供和传播，支持开展全民阅读、全民普法、全民健身、全民科普和艺术普及、优秀传统文化传承活动。”公共图书馆法在此基础上，进一步明确推动、引导、服务全民阅读是公共图书馆的重要任务。推动、引导、服务全民阅读是公共图书馆的基本职责和履行社会教育职能的体现，也是新时代建设文化强国、建设学习型社会、满足人民群众阅读与文化需求的具体要求。

在全民阅读活动中，公共图书馆既是重要的倡导者，又是重要的组织者，开展全民阅读活动是公共图书馆服务的重要内容和形式，具体包括三个方面：一是推动全民阅

读，强调公共图书馆作为全民阅读活动的主体之一，要发挥在阅读资源提供、阅读平台搭建、阅读活动组织、阅读理论研究、阅读人才队伍建设等方面的优势，和其他文化设施一起，共同助推全民阅读活动沿着正确的方向前进，使全民阅读活动在规模上更广泛、更普及，在效果上更深入人心、更受欢迎，达到更高目标，贯彻落实国务院“促进全民阅读，建设学习型社会”的要求，为营造书香社会、实现文化强国目标做出更大的贡献。二是引导全民阅读，强调公共图书馆在全民阅读体系中，积极鼓励和引导社会公众多读好书，积极培养和引导社会公众培养热爱阅读的良好习惯，积极支持和引导全社会形成优良的阅读文化风尚，真正承担起引导全民阅读健康发展的使命。三是服务全民阅读，强调公共图书馆要在全民阅读服务中发挥平台、阵地作用，通过采集、整理、保存文献信息，提供查询、借阅及相关服务，开展讲座、展览、培训等阅读活动，为各类组织、机构、团体及个人开展全民阅读活动提供服务支撑。

本法第三十三条进一步规定阅读推广为公共图书馆免费向社会公众提供的服务之一；第三十六条规定公共图书馆通过开展阅读指导、读书交流、演讲诵读、图书互换共享等活动推广全民阅读。

二、公共图书馆的发展方针

（一）坚持社会主义先进文化前进方向

党的十八大指出：“建设社会主义文化强国，必须走中国特色社会主义文化发展道路。”党的十九大指出：“要坚持中国特色社会主义文化发展道路，激发全民族文化创新创造活力，建设社会主义文化强国。”并突出强调：“中国特色社会主义文化，源自于中华民族五千多年文明历史所孕育的中华优秀传统文化，熔铸于党领导人民在革命、建设、改革中创造的革命文化和社会主义先进文化，植根于中国特色社会主义伟大实践。”公共文化服务保障法第三条要求，“公共文化服务应当坚持社会主义先进文化前进方向”，公共图书馆作为社会主义公共文化服务体系的重要组成部分，也必须遵循公共文化服务保障法的要求，将坚持社会主义先进文化前进方向作为主要发展方针。

公共图书馆坚持社会主义先进文化前进方向，要求在公共图书馆建设与发展中必须坚持马克思主义，牢固树立共产主义远大理想和中国特色社会主义共同理想；要求公共图书馆立足社会主义先进文化的建设和发展，结合实际，充分发挥图书馆保护、传承和发展中华优秀传统文化的职能，创造性开展文化服务；要求公共图书馆通过收藏、整理和传播人类社会主义优秀典籍和文献信息，推动社会主义先进文化的传承与传播。

（二）坚持以人民为中心

党的十八大以来，以习近平同志为核心的党中央提出以人民为中心的发展思想，反映了坚持人民主体地位的内在要求，彰显了人民至上的价值取向，确立了新发展理念必须始终坚持的基本原则。公共文化服务保障法第三条提出，公共文化服务应当坚持以人民为中心，公共图书馆面向社会公众提供公共文化服务，只有坚持以人民为中心的发展方针，才能向广大读者提供优质高效的服务。公共图书馆事业的建设和发展必须以人民的利益为根本出发点，要根据人民群众不断增长的知识、信息和文化需求，适应知识、信息和文化产品生产、传播、消费的发展规律和变化特点，不断丰富服务内容，拓宽服务渠道，创新服务手段，提高服务效能，提升人民群众的满意度和获得感。

（三）坚持以社会主义核心价值观为引领

社会主义核心价值观是当代中国精神的集中体现，凝结着全体人民共同的价值追求，其基本内容是：富强、民主、文明、和谐，自由、平等、公正、法治，爱国、敬业、诚信、友善。社会主义核心价值观是社会主义核心价值体系的内核，体现社会主义核心价值体系的根本性质和基本特征，反映社会主义核心价值体系的丰富内涵和实践要求，是社会主义核心价值体系的高度凝练和集中表达。只有坚持以社会主义核心价值观为引领，大力传承和延续中华民族思想精髓、精神基因、文化血脉，才能确保中国特色社会主义始终沿着正确方向胜利前进。公共图书馆面向社会公众提供公共文化服务，应当坚持以社会主义核心价值观为引领。公共图书馆坚持以社会主义核心价值观为引领，就是要通过采集、整理、保存文献信息并提供查询、借阅及相关服务，开展社会教育，传播信息、知识和文化，传播社会主义先进文化，传扬社会主义核心价值观，传承中国精神、中国价值、中国力量，为提高全民族道德、思想、科学与文化素养作出积极贡献。

（四）传承发展中华优秀传统文化，继承革命文化，发展社会主义先进文化

中华优秀传统文化是中华民族创造的优秀文化，集中体现了全民族的智慧，是我国五千多年文明历史所孕育形成的优秀文化，其博大精深，影响全世界。革命文化是中国共产党和中国人民在长期的革命斗争实践中形成的，是凝聚着共产党人和革命群众独特思想和精神风貌的文化，是中国特色社会主义先进文化的重要组成部分。中华优秀传统文化和革命文化，共同构筑起中国特色社会主义先进文化的基础。

各级公共图书馆收藏有大量文献典籍，是传承中华优秀传统文化和革命历史文化的重要载体。公共图书馆法要求公共图书馆传承发展中华优秀传统文化，继承革命文化，发展社会主义先进文化，主要包含两方面的任务：一是要传承好保护好承载中华优秀传统文化和革命历史文化的文献典籍，通过积极参与中华古籍保护计划、民国时期文献保护计划等国家重点文化工程，加强中华优秀传统文化典籍和革命历史文献的征集、整理、修复与再生性保护，使其得以代代传承，永续利用；二是要充分发挥公共图书馆

的社会教育功能，依托这些文献典籍，广泛开展讲座、展览、培训、在线公开课等活动，面向社会公众传播、阐释、宣传、推广中华优秀传统文化和革命历史文化，通过对这些文献典籍的整理出版和数字化开发等多种形式，推动优秀传统文化和革命历史文化的创造性转化和创新性发展，为发展社会主义先进文化作出新贡献。

第四条 县级以上人民政府应当将公共图书馆事业纳入本级国民经济和社会发展规划，将公共图书馆建设纳入城乡规划和土地利用总体规划，加大对政府设立的公共图书馆的投入，将所需经费列入本级政府预算，并及时、足额拨付。

国家鼓励公民、法人和其他组织自筹资金设立公共图书馆。县级以上人民政府应当积极调动社会力量参与公共图书馆建设，并按照国家有关规定给予政策扶持。

条文解读

本条是关于政府发展公共图书馆事业的责任以及鼓励和支持社会力量参与公共图书馆建设的规定。

一、政府发展公共图书馆事业的责任

按我国现行体制，县级以上人民政府包括国务院，即中央人民政府；省、自治区、直辖市的人民政府；自治州、

设区的市的人民政府；县、自治县、不设区的市、市辖区的人民政府。

本条第一款明确了县级以上人民政府在发展公共图书馆事业中的责任。

（一）将公共图书馆事业纳入本级国民经济和社会发展规划

国民经济和社会发展规划是全国或者某一地区经济、社会发展的总体纲要，用以指导全国或某一地区的社会、经济、文化建设工作。国民经济和社会发展规划由县级以上人民政府编制、提出，经同级人民代表大会审查、批准，再由同级人民政府组织实施，其产生经过了完整的法律程序，其执行情况受同级人民代表大会的监督，具有法定约束力。公共文化服务保障法第四条规定，县级以上人民政府应当将公共文化服务纳入本级国民经济和社会发展规划，本条是在公共文化服务保障法基础上对政府规划发展公共图书馆事业责任的进一步明确。本条规定县级以上人民政府将公共图书馆事业纳入本级国民经济和社会发展规划，把公共图书馆事业作为整个文化事业中的一个重要内容，确立了公共图书馆事业在国民经济和社会发展中的地位，有利于从总体上促进公共图书馆事业的发展。

（二）将公共图书馆建设纳入城乡规划和土地利用总体规划

根据《中华人民共和国城乡规划法》的规定，城乡规划包括城镇体系规划、城市规划、镇规划、乡规划和村庄规划。依法批准的城乡规划，是城乡建设和规划管理的依据，未经法定程序不得修改。土地利用总体规划是国家空间规划体系的重要组成部分，是实施土地用途管制，保护土地资源，统筹各项土地利用活动的重要依据[①]。公共文化服务保障法第十五条第一款规定“县级以上地方人民政府应当将公共文化设施建设纳入本级城乡规划”；第十六条第一款规定“公共文化设施的建设用地，应当符合土地利用总体规划和城乡规划，并依照法定程序审批”。

本法规定县级以上人民政府应当将公共图书馆建设纳入城乡规划和土地利用总体规划，是对公共文化服务保障法关于公共文化设施建设规划要求的具体化，对于解决公共图书馆设置分布、建设规模、建设用地等具体建设问题，促进公共图书馆建设制度化和可持续发展具有重要意义。本法第十三条进一步明确了公共图书馆建设的具体标准。根据国家颁布的有关公共图书馆的建设标准，公共图书馆在选址上要考虑人口和交通环境等因素，原则上要选在人口密集、交通便利、环境良好的地区，以方便社会公众享受公共图书馆的服务。

（三）加大对政府设立的公共图书馆的投入，将所需经费列入本级政府预算，并及时、足额拨付

公共文化服务保障法第四十五条规定：“国务院和地方

---

① 土地利用总体规划管理办法

各级人民政府应当根据公共文化服务的事权和支出责任，将公共文化服务经费纳入本级预算，安排公共文化服务所需资金”。本条在公共文化服务保障法基础上，进一步强调了政府对公共图书馆事业发展的经费保障责任。

公共图书馆所需经费包括文献信息购置经费、服务经费、运行经费、人员经费、专项经费等。本条要求加大对政府设立的公共图书馆的投入，将所需经费列入本级政府预算，并及时、足额拨付，有利于强化政府保障责任，建立经费保障机制。其中，“加大”是指在现有投入基础和水平上，投入力度持续加强，投入规模持续增长。“及时”是指在拨付时间上的保证，严格执行计划中的时间安排，做到不滞后不拖延；“足额”是指拨付数量上的保证，严格执行计划中的数量安排，做到不打折扣不减数量。预算法第十三条规定，经人民代表大会批准的预算，非经法定程序，不得调整。各级人民政府、各部门、各单位的支出必须以经批准的预算为依据。未列入预算的不得支出。本条规定的目的在于确保政府设立的公共图书馆经费有固定来源、有充足保证、可及时到位，从而保障公共图书馆事业可持续发展。本法第十五条将“必要的办馆资金和稳定的运行经费来源”作为设立公共图书馆的必备条件，是对政府的公共图书馆经费保障责任的进一步体现。

二、鼓励和支持社会力量参与公共图书馆建设

公共图书馆事业由政府主导，并不等于政府包揽一切、政府包办一切，社会力量是公共图书馆事业的重要参与者。所谓社会力量，包括公民、法人和其他组织。公共文化服务保障法确立了公共文化服务“政府主导、社会力量参与”的总体原则，这一原则在公共图书馆法中得到了进一步体现。

（一）国家鼓励公民、法人和其他组织自筹资金设立公共图书馆

公共文化服务保障法第二十五条规定：“国家鼓励和支持公民、法人和其他组织兴建、捐建或者与政府部门合作建设公共文化设施，鼓励公民、法人和其他组织依法参与公共文化设施的运营和管理”。本条规定国家鼓励公民、法人和其他组织自筹资金设立公共图书馆，是对公共文化服务保障法规定的细化和落实。

根据我国宪法规定，凡具有中华人民共和国国籍的人都是中华人民共和国公民。依据民法总则，法人是指具有民事权利能力和民事行为能力，依法独立享有民事权利和承担民事义务的组织。其他组织即非法人组织，是指不具有法人资格，但是能够依法以自己的名义从事民事活动的组织，包括个人独资企业、合伙企业、不具有法人资格的专业服务机构等。本条所称的公民、法人和其他组织，涵盖了参与公共图书馆建设的各种社会力量。有利于推动实现公共图书馆的建设主体多元化。本法其他条款还就社会力量自筹资金设立公共图书馆的支持和鼓励政策作出了具

体规定，如第二十条规定公民、法人和其他组织设立的公共图书馆，可以以捐赠者的姓名、名称命名公共图书馆、公共图书馆馆舍或者其他设施；第四十五条规定国家采取政府购买服务等措施，对公民、法人和其他组织设立的公共图书馆提供服务给予扶持。

（二）县级以上人民政府应当积极调动社会力量参与公共图书馆建设

政府调动社会力量参与公共图书馆建设，有利于完善公共图书馆服务体系，向社会公众提供更为便捷的服务。公共文化服务保障法第二条规定政府是公共文化服务的责任主体，社会力量是公共文化服务的重要参与者；第十三条明确提出国家鼓励和支持公民、法人和其他组织参与公共文化服务；第二十五条对社会力量参与公共文化设施建设和运营管理作出了具体规定。此外，第三十二条、第三十七条、第四十二条、第四十三条对社会力量参与公共文化服务作出了具体规定；第四十八条、第四十九条、第五十条、第五十三条对社会力量参与的方式以及国家的鼓励支持政策作出了具体规定。

本法在公共文化服务保障法基础上进一步强调县级以上人民政府应当积极调动社会力量参与公共图书馆建设，符合“政府主导、社会力量参与”的基本原则。本法第六条还规定鼓励社会力量通过捐赠的方式参与公共图书馆建设，第十三条明确了在政府主导的前提下鼓励社会力量参与的基本原则，第四十五条指出了社会力量参与公共图书馆服务的途径。

第五条　国务院文化主管部门负责全国公共图书馆的管理工作。国务院其他有关部门在各自职责范围内负责与公共图书馆管理有关的工作。

县级以上地方人民政府文化主管部门负责本行政区域内公共图书馆的管理工作。县级以上地方人民政府其他有关部门在各自职责范围内负责本行政区域内与公共图书馆管理有关的工作。

条文解读

本条是关于公共图书馆工作管理体制的规定。

本条明确了我国公共图书馆工作实行分级管理、分工负责的管理体制，全国公共图书馆的管理工作由国务院文化主管部门负责，地方公共图书馆的管理工作由县级以上地方人民政府文化主管部门负责，其他政府有关部门在各自职责范围内负责与公共图书馆管理有关的工作。

一、国务院文化主管部门的管理职责

本条规定国务院文化主管部门负责全国公共图书馆的管理工作，国务院文化主管部门即文化和旅游部。“指导、管理社会文化事业，指导图书馆、文化馆（站）事业和基层文化建设”是文化和旅游部的重要职责之一。长期以来，国务院文化主管部门在管理全国公共图书馆方面做了大量工作，例如，1956 年，原文化部社会文化事业管理局在全国图书馆工作会议上提出了《明确图书馆的方针和任务 为大力配合向科学进军而奋斗》的报告；1982 年，原文化部颁布了《省（自治区、市）图书馆工作条例》；1994 年，原文化部发布《文化部关于在县以上公共图书馆进行评估定级工作的通知》，截至 2017 年共组织了六次全国县以上公共图书馆评估定级工作；2011 年，原文化部联合财政部颁发了《文化部、财政部关于推进全国美术馆、公共图书馆、文化馆（站）免费开放工作的意见》；2013 年和 2017 年，原文化部分别发布了《全国公共图书馆事业发展“十二五”规划》和《“十三五”时期全国公共图书馆事业发展规划》；等等。

本法明确了国务院文化主管部门在全国公共图书馆管理中的职责，如第二十八条规定国务院文化主管部门应制定处置文献信息的有关规定；第四十七条规定国务院文化主管部门应当制定公共图书馆服务规范，对公共图书馆的服务质量和水平进行考核；等等。

二、县级以上地方政府文化主管部门的管理职责

本条规定县级以上地方人民政府文化主管部门负责本行政区域内公共图书馆的管理工作。按照我国现行体制，县级以上地方人民政府包括省、自治区、直辖市的人民政府；自治州、设区的市的人民政府；县、自治县、不设区的市、市辖区的人民政府。县级以上地方人民政府文化主管部门是指上述各级政府中承担公共文化管理职责的行政部门，包括与新闻出版、广电等部门合并设立的地方文化主管部门。地方政府文化主管部门在公共图书馆管理方面做了很多工作，如在公共图书馆法颁布之前，一些地区文化主管部门组织制定了本行政区域内的公共图书馆管理办法或条例，此外一些省市文化主管部门还出台了本地区的公共图书馆服务规范和公共图书馆行业的中长期战略规划等。

本法还明确了县级以上地方人民政府文化主管部门在公共图书馆管理方面的具体职责，如第十八条规定省、自治区、直辖市人民政府文化主管部门应当在其网站上及时公布本行政区域内公共图书馆的名称、馆址、联系方式、馆藏文献信息概况、主要服务内容和方式等信息；第四十七条规定省、自治区、直辖市人民政府文化主管部门应当制定公共图书馆服务规范，对公共图书馆的服务质量和水平进行考核；等等。

三、国务院和县级以上地方人民政府其他有关部门的职责

本条规定，国务院其他有关部门在各自职责范围内负责与公共图书馆管理有关的工作，县级以上地方人民政府其他有关部门在各自职责范围内负责本行政区域内与公共图书馆管理有关的工作。与公共图书馆管理有关的工作涉及多个方面，需要各级政府其他有关部门在各自职责范围内给予配合和支持。例如，财政部门负责公共图书馆财政扶持方面的有关工作，民政部门负责社会力量举办的公共图书馆的设立、变更和终止时的登记工作，新闻出版管理部门负责出版单位向国家图书馆和所在地省级公共图书馆交存正式出版物的管理工作，价格主管部门负责对公共图书馆及其工作人员对应当免费提供的服务收费或者变相收费的违法行为进行处罚的工作；等等。

第六条　国家鼓励公民、法人和其他组织依法向公共图书馆捐赠，并依法给予税收优惠。

境外自然人、法人和其他组织可以依照有关法律、行政法规的规定，通过捐赠方式参与境内公共图书馆建设。

条文解读

本条是关于国家鼓励向公共图书馆捐赠的规定。

依据慈善法第三十四条规定，慈善捐赠是指自然人、法人和其他组织基于慈善目的，自愿、无偿赠与财产的活动。公民、法人和其他组织向公共图书馆捐赠，是捐赠人自愿、无偿的奉献行为，应受到鼓励和提倡，但需满足公益事业捐赠法第四条中规定的“捐赠应当是自愿和无偿的”原则。首先，捐赠应当是自愿的，任何个人或组织、公共图书馆及其他有关部门均不得索要或者强迫，捐赠的内容、数额、捐赠对象、用途等均应尊重捐赠人的意愿；其次，捐赠应当是无偿的，从民事行为上看，捐赠也是一种赠与行为，捐赠人将自己的财产给付受赠人，受赠人取得捐赠财产，无需向捐赠人偿付相应的代价；最后，慈善法捐赠应从有利于国家、社会和公共图书馆事业的发展出发，捐赠方式、捐赠内容等须符合国家的法律法规和有关政策，不得妨害公共图书馆发展，不得以捐赠为名从事营利活动。

公共文化服务保障法第四十二条规定，国家鼓励和支持公民、法人和其他组织通过捐赠产品等方式参与提供公共文化服务。本法第四条第二款规定，国家鼓励公民、法人和其他组织自筹资金设立公共图书馆。县级以上人民政府应当积极调动社会力量参与公共图书馆建设，并按照国家有关规定给予政策扶持。本条在上述规定基础上进一步明确了国家对公民、法人和其他组织向公共图书馆提供捐赠所给予的鼓励和支持政策。此外，本法第二十条还对公共图书馆以捐赠者姓名、名称命名作出了规定。第二十五条将公共图书馆接受捐赠作为文献信息收集的来源方式之一，给予了法律确认。

一、境内捐赠

（一）捐赠主体

境内的捐赠主体包括公民、法人和其他组织。依据我国宪法规定，凡具有中华人民共和国国籍的人都是中华人民共和国公民。依据民法总则，法人是具有民事权利能力和民事行为能力，依法独立享有民事权利和承担民事义务的组织；其他组织即非法人组织，是指不具有法人资格，但是能够依法以自己的名义从事民事活动的组织，包括个人独资企业、合伙企业、不具有法人资格的专业服务机构等。

（二）税收优惠

依法给予税收优惠，是国家鼓励捐赠人捐赠财物用于公共图书馆事业发展的重要体现。《中华人民共和国公共文化服务保障法》《中华人民共和国公益事业捐赠法》《中华人民共和国慈善法》等多部法律对向公益事业的慈善捐赠给予税收优惠做出了明确规定。如公益事业捐赠法第二十四条规定："公司和其他企业依照本法的规定捐赠财产用于公益事业，依照法律、行政法规的规定享受企业所得税方面的优惠。"第二十五条规定："自然人和个体工商户依照本法的规定捐赠财产用于公益事业，依照法律、行政法规的规定享受个人所得税方面的优惠。"慈善法第八十条第一款规定，自然人、法人和其他组织捐赠财产用于慈善活动的，依法享受税收优惠。企业慈善捐赠支出超过法律规定的准予在计算企业所得税应纳税所得额时当年扣除的部分，允许结转以后三年内在计算应纳税所得额时扣除。公共文化服务保障法第五十条第一款规定，公民、法人和其他组织通过公益性社会团体或者县级以上人民政府及其部门，捐赠财产用于公共文化服务的，依法享受税收优惠。

境内公民、法人和其他组织向公共图书馆捐赠，主要依据《中华人民共和国企业所得税法》及《中华人民共和国企业所得税法实施条例》《中华人民共和国个人所得税法》及《中华人民共和国个人所得税法实施条例》等法律和行政法规的规定享受税收优惠。企业所得税法第九条规定："企业发生的公益性捐赠支出，在年度利润总额12%以内的部分，准予在计算应纳税所得额时扣除；超过年度利润总额12%的部分，准予结转以后三年内在计算应纳税所得额时扣除。"企业所得税法实施条例第五十一条规定："企业所得税法第九条所称公益性捐赠，是指企业通过公益性社会团体或者县级以上人民政府及其部门，用于《中华人民共和国公益事业捐赠法》规定的公益事业的捐赠。"个人所得税法第六条第三款规定："个人将其所得对教育、扶贫、济困等公益慈善事业进行捐赠，捐赠额未超过纳税人申报的应纳税所得额百分之三十的部分，可以从其应纳税所得额中扣除；国务院规定对公益慈善事业捐赠实行全额税前扣除的，从其规定。"个人所得税法实施条例第二十四条规定："税法第六条第二款所说的个人将其所得对教育事业和其他公益事业的捐赠，是指个人将其所得通过中国境内的社会团体、国家机关向教育和其他社会公益事业以及遭受严重自然灾害地区、贫困地区的捐赠。赠额未超过纳税义务人申报的应纳税所得额30%的部分，可以从其应纳税所得额中扣除。"

二、境外捐赠

（一）捐赠主体

境外是指中华人民共和国海关关境以外的国家和地区，包括外国和我国的香港、澳门、台湾地区。香港、澳门和台湾都是我国领土的一部分，但它们又都是独立的关税区，因此，从关税区角度讲也属境外。境外捐赠主体，包括境外自然人、法人和其他组织。依据民法总则，自然人从出生时起到死亡时止，具有民事权利能力，依法享有民事权利，承担民事义务。境外自然人不仅包括境外的我国公民，也包括外国人、海外华人华侨以及港澳台同胞。境外法人包括在国外依法成立的企业法人、事业单位以及社会团体法人等，境外其他组织主要有外国政府、国际组织及外国民间组织等。

（二）相关行政法规

境外自然人、法人和其他组织向境内公共图书馆捐赠，主要依据《中华人民共和国慈善法》《中华人民共和国归侨侨眷权益保护法》《中华人民共和国海关法》《慈善捐赠物资免征进口税收暂行办法》等法律法规及相关政策享受税收优惠。如慈善法第八十条第二款规定，境外捐赠用于慈善活动的物资，依法减征或者免征进口关税和进口环节增值税。归侨侨眷权益保护法第九条规定，归侨、侨眷在国内兴办公益事业，各级人民政府应当给予支持，其合法权益受法律保护。归侨、侨眷接受境外亲友自愿捐赠的物资用于公益事业的，按照国家有关规定办理并享受减征或者免征关税的优惠待遇。海关法第四十条规定，经济特区等特定地区进口用于公益事业的捐赠物资，可以减征或者免征关税。特定关税或者免税的范围和办法，由国务院规定。国务院规定，进口科教用品和残疾人专用物品，外国政府、国际组织无偿赠送的物资享受减免关税和进口环节税的待遇。境外捐赠用于公益事业的物资，由接受捐赠的公益性社会团体或公益性非营利的事业单位依法向海关申请办理减免税优惠，其他有关机关或者组织，如侨务、民政、教育等部门，可以提供必要的协助。财政部、海关总署、国家税务总局颁布的《慈善捐赠物资免征进口税收暂行办法》规定，对于境外捐赠人无偿向受赠人捐赠的直接用于慈善事业的物资，免征进口关税和进口环节增值税，其中公共图书馆的图书、资料等被明确包括在内。该暂行办法同时规定，免税进口的捐赠物资，未经海关审核同意，不得擅自转让、抵押、质押、移作他用或者进行其他处置。

第七条　国家扶持革命老区、民族地区、边疆地区和贫困地区公共图书馆事业的发展。

条文解读

本条是关于国家扶持老少边穷地区公共图书馆事业的规定。

革命老区是指土地革命战争和抗日战争时期，在中国共产党和毛泽东等老一辈无产阶级革命家领导下创建的革命根据地，分布在27个省、自治区、直辖市的1300多个县（市、区）。民族地区是指各少数民族聚居的地方，依据我国宪法实行区域自治，划分为自治区、自治州、自治县、民族乡，截至2016年年底，共有5个民族自治区、30个民族自治州和120个民族自治县（旗）。边疆地区是指我国边境沿线地区，其中陆疆省区包括黑龙江省、吉林省、辽宁省、内蒙古自治区、甘肃省、新疆维吾尔自治区、西藏自治区、广西壮族自治区和云南省9个省区，有140个陆地边境县（市、区、旗）和新疆生产建设兵团的58个边境团场。贫困地区是对经济社会发展相对滞后地区的统称，根据《“十三五”时期贫困地区公共文化服务体系建设规划纲要》对贫困地区公共文化建设作出的规划安排，主要包括国家确定的11个集中连片特困地区（六盘山区、秦巴山区、武陵山区、乌蒙山区、滇桂黔石漠化区、滇西边境山区、大兴安岭南麓山区、燕山—太行山区、吕梁山区、大别山区、罗霄山区）和已经明确实施特殊政策的西藏、四省藏区、新疆南疆四地州，以及连片特困地区以外的国家扶贫开发工作重点县，共计839个县，含民族自治地方县426个、革命老区县357个、陆地边境县72个，共有乡镇（街道）1.29万个，行政村14.2万个，涉及22个省级行政区、167个地级行政区。

革命老区、民族地区、边疆地区和贫困地区统称为

“四区”，主要集中于我国中西部地区，由于自然、历史等原因，经济社会发展水平相对滞后。这些地区的公共图书馆事业与发达地区相比有较大差距。这些地区公共图书馆还普遍存在藏书量少、人才紧缺、基础设施条件落后等突出问题。

为扶持革命老区、民族地区、边疆地区和贫困地区的公共文化服务以及公共图书馆事业，促进社会公平正义和公共文化服务普遍均等，国家出台了一系列政策文件，例如，2011 年中共中央、国务院印发《中国农村扶贫开发纲要（2011—2020 年）》，提出到 2020 年基本实现每个国家扶贫开发工作重点县有图书馆、文化馆，乡镇有综合文化站，行政村有文化活动室等目标；2015 年，中办、国办印发《关于加快构建现代公共文化服务体系的意见》，明确提出力争在较短时间内使老少边穷地区公共文化服务能力和水平有明显改善。公共文化服务保障法第八条规定，国家扶助革命老区、民族地区、边疆地区、贫困地区的公共文化服务，促进公共文化服务均衡协调发展。公共图书馆法在公共文化服务保障法基础上，进一步明确要扶持革命老区、民族地区、边疆地区和贫困地区公共图书馆事业的发展，这是解决我国公共图书馆事业发展不平衡不充分问题的重要制度设计，体现了公共图书馆事业作为国家公共事业全面可持续发展的战略要求。

国家扶持革命老区、民族地区、边疆地区和贫困地区公共图书馆事业的发展，主要可采取以下措施：一是经费保障；二是设施建设；三是技术支撑；四是人才支持。

在经费保障方面，加大中央财政和省级财政转移支付力度，重点向革命老区、民族地区、边疆地区、贫困地区倾斜，特别是要继续大力支持老少边穷地区公共图书馆免费开放工作，重点保障这些地区免费开放资金转移支付到位。通过加大对老少边穷地区公共图书馆事业的经费投入，解决老少边穷地区公共图书馆经费不足的突出问题，建立经费保障机制，促进老少边穷地区公共图书馆事业可持续发展。

在设施建设方面，着力加强老少边穷地区公共图书馆设施体系建设，建立适合老少边穷地区特点的、全覆盖的公共图书馆服务体系。一是要加强老少边穷地区公共图书馆固定设施建设，按建设标准对未达标的县级公共图书馆设施进行新建和改扩建；二是要加强流动服务网络建设，重点为革命老区、民族地区、边疆地区和贫困地区公共图书馆配备流动服务设施设备，如通过“流动图书车配备项目”，国家和省级重点为革命老区、民族地区、边疆地区和贫困地区配备流动图书车等。

在技术支撑方面，依托全国文化信息资源共享工程、数字图书馆推广工程、公共电子阅览室计划等公共数字文化惠民工程，帮助老少边穷地区公共图书馆配备现代信息技术设备，接入数字图书馆专用服务网络，建设城乡阅报栏（屏）、社区阅读中心、数字（卫星）农家书屋、数字

（卫星）阅读终端等设施，统筹推进基层公共数字文化一站式服务，使公共图书馆在老少边穷地区公共文化服务和全民阅读中发挥更加重要的作用。

在人才支持方面，加大对老少边穷地区公共图书馆的人才队伍建设。通过“三区人才培训”“边疆万里数字文化长廊”“春雨工程”等各种项目，重点培养公共图书馆的骨干力量。加大对老少边穷地区公共图书馆的业务指导，加强职业技能训练和职业精神培养，提高公共图书馆工作人员的专业化水平和整体业务素质。

第八条　国家鼓励和支持发挥科技在公共图书馆建设、管理和服务中的作用，推动运用现代信息技术和传播技术，提高公共图书馆的服务效能。

条文解读

本条是关于国家鼓励和支持发挥科技在公共图书馆建设、管理、服务中作用的规定。

一、发挥科技作用

公共文化服务保障法第十一条规定：“国家鼓励和支持发挥科技在公共文化服务中的作用，推动运用现代信息技术和传播技术，提高社会公众的科学素养和公共文化服务水平。”明确了国家鼓励和支持公共文化服务与现代科技融合发展、充分发挥科技在公共文化服务中作用的原则。本条是对公共文化服务保障法原则的继承和发展。

国家鼓励和支持发挥科技在公共图书馆建设、管理、服务中的作用，推动应用现代信息技术和传播技术，近年来已有一系列相关政策制度依循。例如，2013 年 3 月，国务院印发《“宽带中国”战略及实施方案》，明确提出加快文化馆（站）、图书馆、博物馆等公益性文化机构和重大文化工程的宽带联网，实施“数字文化宽带应用示范工程”；2015 年 1 月，中办、国办印发《关于加快构建现代公共文化服务体系的意见》，要求统筹实施全国文化信息资源共享、数字图书馆博物馆建设、数字农家书屋、城乡电子阅报屏建设等项目，构建标准统一、互联互通的公共数字文化服务网络，在基层实现共建共享；2015 年 6 月，原文化部办公厅发布《文化部公共数字文化工程管理办法》，将“推进公共图书馆、文化馆等公共文化机构数字化服务”列为全国文化信息资源共享工程、数字图书馆推广工程、公共电子阅览室建设计划等公共数字文化工程重点任务之一；2015 年 8 月，国务院印发《促进大数据发展行动纲要》，首次明确提出建设数据强国，强调加强数字图书馆、档案馆、博物馆、美术馆和文化馆等公益设施建设；2017 年 5 月，中办、国办印发《国家“十三五”时期文化发展改革规划纲要》，要求适应社会主义市场经济和高新技术发展要求，全面推进文化内容的形式、方法手段、载体渠道等创新，推动数字图书馆建设，加强文化资源的数字化采集、保存和应用；等等。

二、提高服务效能

公共图书馆服务效能是指公共图书馆提供服务的效率和效果。发挥科技在公共图书馆建设、管理和服务中的作用，推动运用现代信息技术和传播技术，是提高公共图书馆服务效能的重要手段。近年来，国家通过统筹实施全国文化信息共享工程、数字图书馆推广工程、公共电子阅览室计划等重点文化工程，推动各类现代信息技术和传播技术在公共图书馆得到广泛应用，对公共图书馆的建设、管理和服务产生了积极影响。

一方面，数字图书馆建设深入推进。截至 2017 年，数字图书馆推广工程已覆盖全国 41 家省级图书馆、486 家地市级图书馆，服务辐射 2900 多个县级图书馆。全国各级公共图书馆共有电子阅览终端 13.49 万台，县以上公共图书馆共建数字资源超过 1300TB。2017 年全年，由文化和旅游部主办的国家数字文化网（全国文化信息资源共享工程主站）登载各类文化信息 24525 条；累计提供音视频资源 69490 小时、284223 部/集，高清美术图片 30570 张，电子图书 2569 本，多媒体课件 3159 个等。

另一方面，大数据、人工智能等现代科技在公共图书馆阅读服务领域广泛应用，有效提升了社会公众阅读体验。例如，2016 年 8 月，国家图书馆联合中国机器人产业联盟等机构举办“机器人创想”科技体验活动，吸引 3 万余人参加；2017年4月，杭州图书馆联合芝麻信用开通互联网信用借书服务，实现线上线下借还书业务融合互通；2017年12月，深圳图书馆上线基于“互联网+”和物联网技术的线上荐购与借阅一体化服务平台——“新书直通车”项目；等等。

此外，现代科技在公共图书馆业务建设领域也发挥了积极作用。例如，2013年，广州图书馆新馆建成开放，应用基于RFID技术的大型智能分拣系统，实现对图书的全自动收集、归类、整理，与24小时自助还书系统设备和图书传送带系统设备无缝集成，在极大地减少人工工作量的同时，大幅提高了工作效率；2016年2月，上海图书馆推出上海图书馆家谱知识服务平台，基于关联开放数据技术，对馆藏家谱数据进行加工、整合，通过“时间轴”“地图”等可视化方式进行揭示，实现对家谱开放数据价值的充分挖掘与利用；等等。

在关于国家鼓励和支持发挥科技在公共图书馆建设、管理和服务中的作用，推动运用现代信息技术和传播技术的要求方面，本法还在其他相关条款中做了规定。例如，第三十一条要求，县级人民政府建立公共图书馆总分馆制时，应当完善数字化、网络化服务体系和配送体系；第四十条规定，国家构建标准统一、互联互通的公共图书馆数字服务网络，支持数字阅读产品开发和数字资源保存技术研究，推动公共图书馆利用数字化、网络化技术向社会公众提供便捷服务。

第九条　国家鼓励和支持在公共图书馆领域开展国际交流与合作。

条文解读

本条是关于国家鼓励和支持公共图书馆开展国际交流与合作的规定。

文化交流增进了我国与世界各国之间的相互了解，推动了我国与世界各国的共同发展进步。党的十九大报告明确要求“加强中外人文交流，以我为主、兼收并蓄。推进国际传播能力建设，讲好中国故事，展现真实、立体、全面的中国，提高国家文化软实力”。公共文化服务保障法第十二条规定，国家鼓励和支持在公共文化服务领域开展国际合作与交流。本条在公共文化服务保障法基础上对公共图书馆领域开展国际交流与合作做出了规定。

公共图书馆作为各民族文明成果的保存和传承机构，是各民族人民了解彼此历史文化、理解彼此价值观念、学习彼此文明成果的重要窗口。近年来，在中阿、中英、中澳、中美等双边或多边人文交流活动中，公共图书馆都发挥了积极作用。在以合作共赢为核心的新型国际关系中，公共图书馆在推动不同文明间的平等交流、互学互鉴、兼收并蓄方面还有很大的作为空间。同时，国家间、地区间的交流与合作，也为不同国家、不同地区公共图书馆之间开展更加深入的合作创造了条件。公共图书馆开展国际交流与合作是讲好中国故事，展现真实、立体、全面的中国的重要途径和渠道。

本条规定国家鼓励和支持公共图书馆开展国际交流与合作，明确了公共图书馆在对外文化交流中所应发挥的作用，同时也为公共图书馆通过国际交流与合作提高建设、管理与服务水平提供了法律保障。公共图书馆开展国际交流与合作，涉及文献信息资源的共建共知共享、区域珍贵历史文明成果的保存保护、数字图书馆建设、专业技术人才培养、学术交流与业务培训等多个领域。近年来，国家通过推动实施图书馆领域对外合作项目、搭建国际图书馆合作平台、支持国际图书馆间交流互访等方式，为公共图书馆开展国际交流与合作提供了有力支持和保障。例如，在“中阿合作论坛”框架下，建立了中国和阿拉伯国家图书馆合作机制，召开了2014年“中国阿拉伯中阿国家图书馆馆长论坛”并通过了《中国与阿拉伯国家图书馆2014北京合作倡议》；配合“一带一路”倡议，于2017年发起成立丝绸之路图书馆联盟，以国家图书馆以及丝绸之路国内各相关省、市图书馆为依托，联合丝绸之路沿线其他国家图书馆，建立长期战略合作关系和定期交流互访机制，共同策划合作项目，开展广泛深入合作，带动沿线各国图书馆事业共同进步；依托原文化部海外中国文化中心，建设中国文化中心数字图书馆，有针对性地向驻在地社会公众推送特色鲜明、内容丰富的中华文化优秀数字资源，通过线上线下多种方式举办展览、讲座等文化活动，有效促进中华优秀文化面向海外的传播推广；实施海外中华珍贵典籍调查暨数字化合作项目，积极推动法国国家图书馆藏《圆明园四十景图》、英国国家图书馆藏《永乐大典》等海外中华珍贵典籍资源以数字化、影印出版及其他形式实现回归与共享，编纂出版《海外中华古籍珍本丛刊》《海外中华古籍书目书志丛刊》等具有重要学术影响力和历史文化价值的出版物；等等。此外，各级公共图书馆在国家和地方各级文化主管部门的支持下，还广泛开展了国际出版物交换、联合编目、区域数字图书馆建设、联合展览、合作会议、交换馆员、高层互访等多种形式的国际交流与合作活动，为提高我国公共图书馆的国际化、现代化、专业化发展水平，提升中国图书馆事业在国际图书馆领域的话语权和影响力，扩大中华优秀传统文化的对外传播推广作出了积极贡献。

各地区公共图书馆主管部门要依法制定相关政策，鼓励和支持各级公共图书馆开展国际交流与合作。要落实中华文化“走出去”战略部署，发挥公共图书馆的资源和人才优势，使公共图书馆在中华文化“走出去”战略中发挥更大作用。

第十条 公共图书馆应当遵守有关知识产权保护的法律、行政法规规定，依法保护和使用文献信息。

馆藏文献信息属于文物、档案或者国家秘密的，

公共图书馆应当遵守有关文物保护、档案管理或者保守国家秘密的法律、行政法规规定。

条文解读

本条第一款是关于公共图书馆遵守有关知识产权保护的法律、行政法规规定的衔接性规定，第二款是关于公共图书馆遵守有关文物保护、档案管理、保守国家秘密的法律、行政法规规定的衔接性规定。

一、遵守有关知识产权保护的相关法规

公共图书馆在保护和使用馆藏文献信息的过程中，应当依法保护文献信息的知识产权，尤其要重视保护作品作者的合法权益，促进文学、艺术、科学作品的合法传播，更好地发挥公共图书馆的作用。公共图书馆馆藏中的图书报刊、音像制品、缩微制品、数字资源等文献信息都属于作品的范畴，在知识产权保护方面，应当遵守《中华人民共和国著作权法》《中华人民共和国著作权法实施条例》《信息网络传播权保护条例》《中华人民共和国专利法》《中华人民共和国商标法》等法律、行政法规的有关规定。

同时，公共图书馆可以根据有关法律、行政法规规定，合理使用知识产权，促进文献信息利用。例如，著作权法第二十二条规定，图书馆等为陈列或者保存版本的需要，复制本馆收藏的作品，可以不经著作权人许可，不向其支付报酬，但应当指明作者姓名、作品名称，并且不得侵犯著作权人依照本法享有的其他权利。《中华人民共和国著作权法实施条例》第二十一条规定，依照著作权法有关规定，使用可以不经著作权人许可的已经发表的作品的，不得影响该作品的正常使用，也不得不合理地损害著作权人的合法利益。《信息网络传播权保护条例》第七条规定，图书馆等可以不经著作权人许可，通过信息网络向本馆馆舍内服务对象提供本馆收藏的合法出版的数字作品和依法为陈列或者保存版本的需要以数字化形式复制的作品，不向其支付报酬，但不得直接或者间接获得经济利益。当事人另有约定的除外。公共图书馆还可以根据著作权法对著作权保护期的规定，在尊重作者的署名权、修改权、保护作品完整权的前提下，通过复制、展览、信息网络传播、翻译、汇编等方式利用著作权保护期已经届满的古籍等文献信息，等等。

此外，公共图书馆除了遵守著作权保护的相关法律法规，在保护和利用文献信息过程中，还应当遵守专利权、商标权等其他知识产权相关法律法规，例如，专利法实施细则第九十一条规定，国务院专利行政部门应当提供专利公报、发明专利申请单行本以及发明专利、实用新型专利、外观设计专利单行本，供社会公众免费查阅。作为专利文献的收藏单位，公共图书馆也应当提供社会公众免费查阅。

二、遵守有关文物保护、档案管理、保守国家秘密的法律

公共图书馆馆藏中属于文物、档案或者国家秘密的文献信息，应当遵守的法律法规有《中华人民共和国文物保护法》《中华人民共和国文物保护法实施条例》《中华人民共和国档案法》《中华人民共和国档案法实施办法》《中华人民共和国保守国家秘密法》《中华人民共和国保守国家秘密法实施条例》等。

文物是指人类在历史发展过程中遗留下来的遗物、遗迹。根据《中华人民共和国文物保护法》第二条第四项规定，历史上各时代重要的文献资料以及具有历史、艺术、科学价值的手稿和图书资料等文物受国家保护。公共图书馆馆藏中的文献资料、手稿和图书资料等文献信息属于文物的，应当遵守《中华人民共和国文物保护法》和《中华人民共和国文物保护法实施条例》等相关法律法规。例如，《中华人民共和国文物保护法》第三十六条第一款规定，博物馆、图书馆和其他文物收藏单位对收藏的文物，必须区分文物等级，设置藏品档案，建立严格的管理制度，并报主管的文物行政部门备案；第四十七条规定，博物馆、图书馆和其他收藏文物的单位应当按照国家有关规定配备防火、防盗、防自然损坏的设施，确保馆藏文物的安全；《中华人民共和国文物保护法实施条例》第二十八条规定，文物收藏单位应当建立馆藏文物的接收、鉴定、登记、编目和档案制度，库房管理制度，出入库、注销和统计制度，保养、修复和复制制度。公共图书馆应当对馆藏文物，区分文物等级，设置藏品档案，建立必要的管理制度，并报主管的文物行政部门备案，还应当配备保护文物安全的防火、防盗、防自然损坏的设施设备。同时，本法第三十二条规定，公共图书馆馆藏文献信息属于文物的，可以与档案馆、博物馆、纪念馆等单位开展合作。

根据《中华人民共和国档案法》第二条规定，档案是指过去和现在的国家机构、社会组织以及个人从事政治、军事、经济、科学、技术、文化、宗教等活动直接形成的对国家和社会有保存价值的各种文字、图表、声像等不同形式的历史记录。公共图书馆的馆藏文献信息属于档案的，应当遵守《中华人民共和国档案法》和《中华人民共和国档案法实施办法》等法律法规。例如，《中华人民共和国档案法》第十二条规定，博物馆、图书馆、纪念馆等单位保存的文物、图书资料同时是档案的，可以按照法律和行政法规的规定，由上述单位自行管理。档案馆与上述单位应当在档案的利用方面互相协作。《中华人民共和国档案法实施办法》第十四条规定，既是文物、图书资料又是档案的，档案馆可以与博物馆、图书馆、纪念馆等单位相互交换重复件、复制件或者目录，联合举办展览，共同编辑出版有关史料或者进行史料研究。公共图书馆可以按照上述规定，自行管理属于档案的文献信息，并与档案馆、博物馆开展档案利用互相协作。同时，本法第三十二条规定，公共图书馆馆藏文献信息属于档案的，可以与档案馆、博物馆、纪念馆等单位开展合作。

根据《中华人民共和国保守国家秘密法》第二条规定，

国家秘密是关系国家安全和利益，依照法定程序确定，在一定时间内只限一定范围的人员知悉的事项。公共图书馆的馆藏文献信息属于国家秘密的，应当遵守《中华人民共和国保守国家秘密法》及《中华人民共和国保守国家秘密法实施条例》的相关法律法规。例如，《中华人民共和国保守国家秘密法》第二十六条规定，禁止非法复制、记录、存储国家秘密。禁止在互联网及其他公共信息网络或者未采取保密措施的有线和无线通信中传递国家秘密。《中华人民共和国保守国家秘密法实施条例》第二十一条规定，保存国家秘密载体的场所、设施、设备，应当符合国家保密要求。公共图书馆应当按照上述规定，不得非法复制、记录、存储国家秘密，不得通过信息网络传递国家秘密。

第十一条　公共图书馆行业组织应当依法制定行业规范，加强行业自律，维护会员合法权益，指导、督促会员提高服务质量。

条文解读

本条是关于公共图书馆行业组织的规定。

行业组织是指依法成立，为实现会员共同意愿，按照法律及其章程开展活动的非营利性社会组织。行业组织在提供决策咨询、服务行业发展、规范市场秩序、扩大对外交往等方面发挥积极作用。公共图书馆行业组织作为吸纳公共图书馆及其从业人员参与的文化行业组织，是党和政府联系公共图书馆工作的桥梁和纽带。目前与公共图书馆密切相关的行业组织主要有中国图书馆学会、中国古籍保护协会、中国文献影像技术协会等全国性图书馆行业组织，以及地方图书馆协会和学会。其中，中国图书馆学会（原中华图书馆协会）成立于1925年，是由图书馆及相关行业或机构科技工作者自愿结合、依法登记成立的全国性、学术性、非营利性的社会组织，下设公共图书馆分会等多个分支机构及地方学会。中国图书馆学会公共图书馆分会于2016年正式成立，设有图书馆创新工作委员会、图书馆政策研究工作委员会、图书馆标准化工作委员会等14个专业委员会。中国古籍保护协会成立于2015年，是由全国古籍收藏、保护修复、整理出版研究等有关企事业单位、社会团体和相关机构及个人自愿组成的全国性、行业性、非营利性社会组织，下设分支机构包括传统写印材料研究专业委员会、古籍保护志愿服务委员会、文化志愿者联合会等。中国文献影像技术协会（原中国缩微摄影技术协会）成立于1994年，是联系全国文献影像技术工作者的全国性社团组织，下设机构包括秘书处、组织宣传工作委员会、学术工作委员会、教育培训工作委员会、编辑出版委员会等。

本法规定公共图书馆行业组织应当发挥以下功能：

一、制定行业规范

行业规范是全行业共同遵守的行为规范，行业组织制定行业规范一般有两种形式：一是行业成员的行动准则和道德规范，一般由行业成员根据社会公序良俗，结合行业特点协商约定，由行业组织以行业公约、宣言、声明等形式予以公布，行业内共同信守；二是与本行业工作相关的管理、服务及业务技术规范，一般应根据本行业发展需要，在对相关领域研究成果及实践经验进行深入调查和全面总结的基础上研究制定。

公共图书馆行业组织制定行业成员行动准则及道德规范，应符合《社会团体登记管理条例》关于社会团体以“实现会员共同意愿”为目标宗旨的要求，遵循协商一致的原则。根据《中华人民共和国标准化法》关于“国家鼓励学会、协会、商会、联合会、产业技术联盟等社会团体协调相关市场主体共同制定满足市场和创新需要的团体标准，由本团体成员约定采用或者按照本团体的规定供社会自愿采用”的规定，公共图书馆行业组织还可以以团体标准的形式，组织制定与图书馆工作相关的管理、服务与业务技术标准。标准化法还规定，制定团体标准“应当遵循开放、透明、公平的原则，保证各参与主体获取相关信息，反映各参与主体的共同需求，并应当组织对标准相关事项进行调查分析、实验、论证”。

二、加强行业自律

行业自律是行业内部自主形成并用以自我约束的思想理念、行为习惯、运作机制，是行业或行业内成员对社会的誓约或承诺。加强公共图书馆行业自律，是公共图书馆完善内部管理机制、提高自身服务质量的迫切需要，是构建公共图书馆服务体系的客观要求，也是推进公共图书馆法治环境建设的重要内容。行业组织可通过建立健全行业规则、标准和服务规范，开展行业自律交流培训，组织行业自律宣传、表彰活动等方式，推动公共图书馆及其从业人员加强行业自律。例如，2002 年，中国图书馆学会通过了《中国图书馆员职业道德准则（试行）》，该准则是以中共中央颁布的《公民道德建设实施纲要》为指导，总结我国图书馆活动的实践经验，为履行图书馆承担的社会职责而制定的行业自律规范；2008 年，中国图书馆学会通过了《图书馆服务宣言》，确立了对社会普遍开放、平等服务、以人为本的基本原则，并提出了 7 项服务目标，对倡导图书馆职业精神、弘扬自觉意识、提升核心能力、塑造图书馆员社会形象等具有重要意义。

三、维护会员合法权益

公共图书馆行业组织会员包括公共图书馆及其从业人员。会员合法权益是会员依法应当享有的权利与利益，一般包括行业组织内的选举权、被选举权和表决权，对行业组织工作的批评建议权和监督权，优先或优惠参与本行业组织举办的各类学术交流活动、接受业务培训指导的权利，入会自愿、退会自由的权利等，其中，个人会员还享有法律赋予的其他公民权益。

公共图书馆行业组织根据《社会团体登记管理条例》

要求制定章程，依法对会员权益进行约定，但不得与国家利益、社会公共利益以及其他组织和公民的合法权益相冲突。公共图书馆行业组织可通过定期举行会员大会和会员代表大会等方式，遴选会员参与组织管理，听取会员意见，接受会员监督；通过搭建会员综合服务平台，举办学术会议、业务培训等活动，为会员之间的交流学习和成长进步提供支持。公共图书馆行业组织应将会员权益明确写入章程，并严格遵守和落实，切实保障和维护会员权益。

四、指导、督促会员提高服务质量

公共图书馆为公共文化设施，向社会提供公共文化服务，其服务质量的高低对于衡量公共图书馆服务效能和运营、管理水平具有重要意义。公共图书馆行业组织一般通过制定行业规范、组织开展行业交流及学术研讨、开展业务培训、组织项目合作、定期考核评估等方式，加强对会员单位和从业人员的指导与督促，积极为各级公共图书馆、特别是城乡基层公共图书馆培养适用人才，为提升公共图书馆服务质量提供基础保障，帮助其不断强化社会责任，坚定文化自信，增强文化自觉。同时，公共图书馆行业组织还应当抓住政府转变职能的机遇，充分发挥行业组织对公共服务进行监督、评价的功能，通过科学有效的评估活动，引导和促进公共图书馆提升服务质量。

第十二条　对在公共图书馆事业发展中作出突

出贡献的组织和个人，按照国家有关规定给予表彰和奖励。

条文解读

本条是关于为公共图书馆事业作出突出贡献的组织和个人给予表彰和奖励的规定。

公共文化服务保障法第十三条规定，国家鼓励和支持公民、法人和其他组织参与公共文化服务。对在公共文化服务中作出突出贡献的公民、法人和其他组织，依法给予表彰和奖励。本条是在公共文化服务保障法基础上关于公共图书馆事业相关表彰奖励的专门制度。表彰侧重于精神层面的褒扬，而奖励侧重于物质层面的鼓励。

一、表彰和奖励的主体

按照公共文化服务保障法第十三条第二款以及公共图书馆法本条的规定，表彰和奖励的实施主体是各级人民政府，国家给予的表彰和奖励属于公共图书馆事业荣誉体系范畴的最高层次。各级人民政府对表彰奖励获得者可颁发奖章、奖牌或证书等。

二、表彰和奖励的对象

表彰和奖励的对象包括组织和个人。其中，组织既包括各类型图书馆，也包括图书馆以外的各类社会组织；个人既包括图书馆馆长及工作人员，也包括社会公众。表彰奖励获得者应当珍视并保持荣誉，自觉维护表彰奖励的声誉。

三、表彰和奖励的前提条件

在公共图书馆事业发展中作出突出贡献是指在特定时期内，组织或个人的行为给公共图书馆事业发展带来直接的、显著的、重要的影响和成效。例如，为公共图书馆建设作出突出贡献，包括兴建和捐建公共图书馆，捐资或捐赠设备和文献信息达到一定规模，以及在与政府合作共建公共图书馆过程中作出突出贡献；为公共图书馆运行管理作出突出贡献，包括基础业务建设的重大成果，以及在管理上作出突出贡献；为公共图书馆服务作出突出贡献，包括服务领域的重大项目和重大成果，以及在服务绩效与创新上作出突出贡献；为公共图书馆体系化、法治化、标准化作出突出贡献，包括公共图书馆服务体系建设的重大项目与重大成果，以及推动政策发展，为制定、宣传和贯彻实施公共图书馆法、公共图书馆相关标准作出突出贡献；为公共图书馆理论研究、技术发展和专业教育作出突出贡献，包括推进公共图书馆理论研究与指导实践的重大理论成果与应用成果、推进图书馆技术发展的重大技术成果，以及在图书馆学专业教育和公共图书馆业务培训领域作出突出贡献；等等。

四、表彰和奖励的依据

对在公共图书馆事业发展中作出突出贡献的组织和个人给予表彰和奖励，应遵守国家法律、法规及相关政策规定。例如，劳动法第六条规定，国家提倡劳动者参加社会义务劳动，开展劳动竞赛和合理化建议活动，鼓励和保护劳动者进行科学研究、技术革新和发明创造，表彰和奖励劳动模范和先进工作者；国家勋章和国家荣誉称号法第四条规定，国家设立国家荣誉称号，授予在经济、社会、国防、外交、教育、科技、文化、卫生、体育等各领域各行业作出重大贡献、享有崇高声誉的杰出人士；公益事业捐赠法第八条第三款规定，对公益事业捐赠有突出贡献的自然人、法人或者其他组织，由人民政府或者有关部门予以表彰。国务院《事业单位人事管理条例》第二十五条规定，事业单位工作人员或者集体有下列情形之一的，给予奖励：（一）长期服务基层，爱岗敬业，表现突出的；（二）在执行国家重要任务、应对重大突发事件中表现突出的；（三）在工作中有重大发明创造、技术革新的；（四）在培养人才、传播先进文化中作出突出贡献的；（五）有其他突出贡献的。第二十六条规定，奖励坚持精神奖励与物质奖励相结合、以精神奖励为主的原则。第二十七条规定，奖励分为嘉奖、记功、记大功、授予荣誉称号。党的十七届六中全会通过《中共中央关于深化文化体制改革推动社会主义文化大发展大繁荣若干重大问题的决定》，要求“落实国家荣誉制度，抓紧设立国家级文化荣誉称号，表彰奖励成就卓著的文化工作者”；等等。

第二章　设　　立

本章是关于公共图书馆设立的规定。

本章共十条，明确了公共图书馆服务网络建设的责任主体、目标原则、重点内容及其参考依据；确立了政府设立公共图书馆的责任；阐明了公共图书馆设立的条件；规定了公共图书馆设立、变更、终止时应履行的法定登记程序及其终止时剩余财产的处理办法；明确了公共图书馆馆长和工作人员配备的要求；为公共图书馆以捐赠者命名的范围、原则和限制提供了法律依循；同时还特别对国家图书馆承担的主要职能及其承担的公共图书馆功能作出规定。

第十三条　国家建立覆盖城乡、便捷实用的公共图书馆服务网络。公共图书馆服务网络建设坚持政府主导，鼓励社会参与。

县级以上地方人民政府应当根据本行政区域内人口数量、人口分布、环境和交通条件等因素，因地制宜确定公共图书馆的数量、规模、结构和分布，加强固定馆舍和流动服务设施、自助服务设施建设。

条文解读

本条是关于建设公共图书馆服务网络的规定。

一、公共图书馆服务网络

公共图书馆服务网络是指由省、市、县级公共图书馆以及乡镇（街道）综合文化中心图书室和村（社区）综合文化中心图书室（含农家书屋）构成的，到馆服务、流动服务和自助服务（含数字服务）相结合的，互联互通、资源共享的公共图书馆设施网络和组织体系。本法第十四条规定，县级以上人民政府应当设立公共图书馆，地方人民政府应当充分利用乡镇（街道）和村（社区）的综合服务设施设立图书室，由此构成我国国家、省、市、县公共图书馆和乡镇（街道）、村（社区）图书室六级公共图书馆设施网络；本法第三十条规定公共图书馆应当加强馆际交流与合作；第三十一条规定县级人民政府应当因地制宜建立总分馆制，由此构成各级公共图书馆（室）互联互通、资源共享的组织体系。

二、建设主体与原则

本法明确公共图书馆服务网络建设的主体是国家，并规定公共图书馆服务网络建设应坚持政府主导，鼓励社会力量参与的原则。政府作为公共文化服务资源配置的主体，应当在公共图书馆服务网络建设的统筹协调、规划布局、资金保障等方面发挥主导作用。政府主导并不是政府包办，在政府主导的基础上引导和鼓励社会力量广泛参与，是公共图书馆服务网络建设的基本原则之一。公共文化服务保障法第二条将“政府主导、社会力量参与”作为公共文化服务的重要特征写入其定义。本法第四条规定，国家鼓励公民、法人和其他组织自筹资金设立公共图书馆，县级以上人民政府应当积极调动社会力量参与公共图书馆建设，并按照国家有关规定给予政策扶持。对于社会力量设立或参与建设的公共图书馆，政府应当采取措施，将其纳入公共图书馆服务网络。

三、建设目标

本条第一款规定公共图书馆服务网络建设的目标是“覆盖城乡、便捷实用”。“覆盖城乡”是对公共图书馆服务网络布局的要求，“便捷实用”是对公共图书馆服务网络功能效用的要求。公共文化服务保障法第四条明确了县级以上人民政府应当按照公益性、基本性、均等性、便利性的要求加强公共文化设施建设。本条规定是对上述要求在公共图书馆领域的强调与落实，是实现公共图书馆服务均等性与便利性的需要。

实现公共图书馆服务网络“覆盖城乡”，重点是推动公共图书馆服务网络进一步向城乡基层延伸。一方面加强乡镇（街道）和村（社区）基层综合文化中心图书室等固定设施建设，使城乡居民都能就近获取公共图书馆的资源与服务；另一方面依托市、县级图书馆，深入开展流动服务和数字化、网络化服务，通过互联互通的服务网络，实现公共图书馆资源与服务的城乡共享。实现公共图书馆服务网络“便捷实用”，重点是加强公共图书馆布局的统筹规划和功能的优化设计，使其既便于服务的开展，也方便公众利用。本条第二款进一步规定了县级以上人民政府在确定公共图书馆数量、规模、结构和分布时应当考虑的因素。本法第四十条还对国家推动公共图书馆利用数字化、网络化技术向社会公众提供便捷服务作出了规定。

四、建设依据

本条第二款明确县级以上人民政府建设公共图书馆服务网络的依据包括本行政区域内人口数量、人口分布、环境和交通条件等因素，并强调要“因地制宜”，这与公共文化服务保障法第十五条关于县级以上地方人民政府应当“结合当地经济社会发展水平、人口状况、环境条件、文化特色，合理确定公共文化设施的种类、数量、规模以及布局”的要求是一致的，有利于充分发挥公共图书馆设施网点作用，提高服务效能，避免重复浪费。

（一）人口数量和人口分布

公共图书馆建设以人为本，依据所在地区服务人口的数量、分布等情况确定公共图书馆建设的数量、规模、结构和布局，是实现公共图书馆普遍均等服务的基本要求，符合我国实际情况，也与国际通行原则相一致。2008 年颁布实施的《公共图书馆建设标准》（建标 108—2008）和

《公共图书馆建设用地指标》（建标［2008］74号）明确提出了以服务人口作为公共图书馆建设主要依据的原则，根据人口状况的不同对各地区公共图书馆的数量、规模、结构和分布分别提出了指导意见。例如，关于公共图书馆的数量，《公共图书馆建设用地指标》（建标［2008］74号）针对地区不同人口规模分别提出了大、中、小型图书馆数量配置建议。关于公共图书馆规模，《公共图书馆建设标准》（建标108—2008）规定，新建、改建和扩建的公共图书馆规模，应以服务人口数量和相应的人均藏书量、千人阅览座席指标为基本依据，兼顾服务功能、文献资源数量与品种和当地经济发展水平确定。关于公共图书馆的结构和布局，《公共图书馆建设标准》（建标108—2008）以服务人口为依据，分别对大、中、小型公共图书馆各类用房使用面积比例提出了指导意见。

（二）环境和交通条件

环境和交通条件也是公共图书馆建设要考虑的重要因素。公共图书馆作为面向社会公众提供服务的公共文化设施，其选址宜充分考虑当地地理、气候、文化、政治、经济等多方面环境因素。《公共文化体育设施条例》第十一条规定，公共文化体育设施的建设选址，应当符合人口集中、交通便利的原则。《公共图书馆建设标准》（建标108—2008）要求，公共图书馆选址宜位于人口集中、交通便利、环境相对安静、符合安全和卫生及环保标准的区域。公共图书馆建设，还应当综合考虑城乡差异、地域差异和社区文化差异，综合应用固定设施、流动设施和自助设施等，对服务网点进行统筹布局，确保其建成后能充分发挥效益。

总体而言，因地制宜确定公共图书馆的数量、规模、结构和分布，应满足以下几项要求：(1) 根据城镇化发展趋势和城乡常住人口变化，统筹城乡公共图书馆设施布局，均衡配置公共图书馆资源。(2) 按照普遍均等的要求，实现公共图书馆设施对全体社会公众的全覆盖，让所有人都能公平、便捷地利用公共图书馆。(3) 建立公共图书馆有效服务半径的理念，按照方便可及的原则，实现设施对所有人群的全覆盖。(4) 不重复建设。在某个公共图书馆相应的服务半径内不应再建设另一个公共图书馆，以避免重复设置。(5) 着眼于形成体系，即构建馆舍服务、流动服务和自助服务相结合的公共图书馆服务网络。(6) 合理确定公共图书馆的选址，把公共图书馆建在人口聚集、交通方便的地方，以方便公众的利用。

第十四条 **县级以上人民政府应当设立公共图书馆。**

地方人民政府应当充分利用乡镇（街道）和村（社区）的综合服务设施设立图书室，服务城乡居民。

条文解读

本条是关于政府在设立公共图书馆方面应承担责任的规定。

一、县级以上人民政府应当设立公共图书馆

本条第一款规定，县级以上人民政府应当设立公共图书馆。法律中“应当”即必须的意思，明确了县级以上人民政府设立公共图书馆的责任。截至2017年年底，我国已建有省级公共图书馆39个，地市级公共图书馆373个，县级公共图书馆2753个，基本实现“县县有图书馆”。但与此同时，仍有部分地市和县尚未建立公共图书馆。本条规定县级以上人民政府应当设立公共图书馆，为公共图书馆设施空白的地区进行公共图书馆的新建工作提出了强制性要求。

政府设立公共图书馆的原则是分级设立。分级设立，是指省（直辖市、自治区）、地级市（地区、自治州、盟）、县（县级市、旗、自治县、区）各级政府都应当设立公共图书馆。“分级设立”和“县县有公共图书馆”不能简单理解为每个县设立一个公共图书馆，而应当根据本法第十三条关于公共图书馆服务网络建设的规定，依据本行政区域内人口数量、人口分布、环境和交通条件等因素，因地制宜确定公共图书馆的数量，具体可参照《公共图书馆建设用地指标》（建标［2008］74号）、《公共图书馆建设标准》（建标108—2008）等标准。

二、地方人民政府应当充分利用乡镇（街道）和村（社区）的综合服务设施设立图书室，服务城乡居民

本条第二款规定，地方人民政府应当充分利用乡镇（街道）和村（社区）的综合服务设施设立图书室，服务城乡居民。地方人民政府包括省、直辖市、县、市、市辖区、乡、民族乡、镇的人民政府。

近年来，我国公共图书馆服务网络建设成效明显，但总体上看，薄弱环节仍然在基层、在农村，广大城乡基层现有的公共图书馆设施和服务与人民群众对公共图书馆的需求相比还有明显差距。2009 年，原文化部颁布《乡镇综合文化站管理办法》，要求乡镇综合文化站“在县级图书馆的指导下，开办图书室，开展群众读书读报活动，为当地群众提供图书报刊借阅服务”。2013 年，党的十八届三中全会通过《中共中央关于全面深化改革若干重大问题的决定》，明确提出“建设综合性文化服务中心”的任务。2015 年，国务院办公厅印发《关于推进基层综合性文化服务中心建设的指导意见》，要求“以基层综合性文化服务中心为依托，……推进县域内公共图书资源共建共享和一体化服务，加强村（社区）及薄弱区域的公共图书馆借阅服务，整合农家书屋资源，设立公共图书馆服务体系基层服务点，纳入基层综合性文化服务中心管理和使用”。

本款要求地方人民政府充分利用已有乡镇（街道）和村（社区）综合服务设施设立图书室，有利于整合基层公共文化服务资源，弥补我国公共图书馆事业发展薄弱环节，逐步实现本法第十三条关于建设“覆盖城乡、便捷实用”的公共图书馆服务网络的目标。乡镇（街道）和村（社区）的综合服务设施内图书室可参考《乡镇综合文化站管理办法》《乡镇综合文化站建设标准》和《国务院办公厅关于推进基层综合性文化服务中心建设的指导意见》等相关规定进行建设和管理，并根据本法第三十一条规定，纳入以县级公共图书馆为总馆的总分馆制建设，作为县级图书馆总分馆体系中的分馆或基层服务点。

第十五条　设立公共图书馆应当具备下列条件：

（一）章程；

（二）固定的馆址；

（三）与其功能相适应的馆舍面积、阅览座席、文献信息和设施设备；

（四）与其功能、馆藏规模等相适应的工作人员；

（五）必要的办馆资金和稳定的运行经费来源；

（六）安全保障设施、制度及应急预案。

条文解读

本条是关于公共图书馆设立条件的规定。

本条规定了公共图书馆设立应具备的六个条件，只有同时具备了这六个条件，才能设立公共图书馆并向登记管理机关提出申请登记。本条规定对于政府设立的公共图书馆和社会力量设立的公共图书馆均适用。

一、章程

公共图书馆章程是公共图书馆办馆的基础性文件，设立公共图书馆应当有其章程。本法第十六条明确规定，公共图书馆章程的内容应当包括名称、馆址、办馆宗旨、业务范围、管理制度及有关规则、终止程序和剩余财产的处理方案等事项。

二、固定的馆址

公共图书馆是面向社会公众提供服务的公共场所，只有具备固定馆址，才能正常开展服务活动，固定馆址是公共图书馆接待用户到馆并提供文献查询、借阅和相关服务的基础和前提条件。根据《事业单位登记管理暂行条例》的规定，申请事业单位法人登记应当有自己的场所并提供场所使用权证明；根据《民办非企业单位登记管理暂行条例》的规定，申请民办非企业单位登记要有必要的场所并提供场所使用权证明。

三、与功能相适应的馆舍面积、阅览座席、文献信息和设施设备

根据本法第二条规定，公共图书馆的基本功能包括收集、整理、保存文献信息并提供查询、借阅和相关服务，开展社会教育等。在此基础上，不同类型、不同层级的公共图书馆还分别承担不同的特殊功能，例如，本法第二十四条规定，政府设立的公共图书馆应当系统收集地方文献信息，保存和传承地方文化；第三十一条规定，县级公共图书馆应当承担总分馆制中的总馆角色；此外，根据本法第二十六条规定，国家图书馆和所在地省级公共图书馆还应当按照国家有关规定接受出版单位交存正式出版物。

公共图书馆发挥上述功能，需要有相应的馆舍、阅览座席、文献信息和设施设备。《公共图书馆建设标准》（建标 108—2008）、《公共图书馆建设用地指标》（建标［2008］74 号）、《公共图书馆服务规范》（GB/T 28220—2011）、《图书馆建筑设计规范》等标准规范对公共图书馆建筑面积及各功能区域面积、阅览座席数量、馆藏规模及更新速度、设施设备配置提出了具体建议，政府及公民、法人、其他组织在设立公共图书馆时应参照执行。例如，《公共图书馆建设标准》（建标 108—2008）根据区域人口数量，分别对大、中、小型图书馆的馆舍面积、阅览座席和馆藏数量提出建议，并指出公共图书馆应有藏书、借阅、咨询服务、公共活动与辅助服务（培训、讲座、展览、活动等）、业务、行政办公、技术设备、后勤保障八类用房区域，其中藏书区和借阅区使用面积应占总使用面积的55%～60%。《公共图书馆服务规范》（GB/T 28220—2011）分别对省级馆、地级馆、县级馆的计算机设备、信息节点、网络带宽、馆藏文献总量和年新增藏量等指标提出建议标准，并对公共图书馆根据当地居民特点和文献信息需求入藏外文文献、少数民族语言文献提出了要求。《图书馆建筑设计规范》对公共图书馆的给水排水、采暖、通风、空气调节、电气、网络、综合布线等设施设备配备进行了规范指导，其中特别对图书馆作为公共场所的防火设计提出了强制要求，要求“基本书库、特藏书库、密集书库与其毗邻的其他部位之间应采用防火墙和甲级防火门分隔”。

本法第三十四条还对政府设立的公共图书馆开展面向特殊群体服务所应配置的馆舍空间、文献信息和设施设备做出了规定，包括“设置少年儿童阅览区域”“考虑老年人、残疾人等群体的特点，积极创造条件，提供适合其需要的文献信息、无障碍设施设备和服务等”。

四、与功能和馆藏规模相适应的工作人员

公共图书馆要很好地开展所确定的业务活动，必须具备与业务活动相适应的从业人员。本法第十九条规定，公共图书馆应根据其功能、馆藏规模、馆舍面积、服务范围和服务人口等因素配备相应的工作人员。公共图书馆对从业人员有一定的数量和技术或技能方面的要求，从业人员必须符合规定的要求。本法第三十四条规定，政府设立的公共图书馆应当根据少年儿童的特点配备相应的专业人员。相关标准规范对公共图书馆工作人员有具体的要求，可参照执行，如《公共图书馆服务规范》（GB/T 28220—2011）规定，公共图书馆工作人员数量应以所在区域服务人口数为依据，每服务人口10000人~25000人应配备1名工作人员，其中具有相关学科背景的专业技术人员应占全体工作人员的75%以上；少数民族自治地区公共图书馆要配备熟悉少数民族语言文字的专业技术人员。

五、必要的办馆资金和稳定的运行经费来源

必要的办馆资金和稳定的运行经费是保证公共图书馆能正常开展业务活动，促进其宗旨确定的事业发展的经济基础和必要条件。其中，办馆资金即公共图书馆的开办资金，是指公共图书馆被核准登记时可用于承担民事责任的全部财产的货币体现，包括举办单位或者出资人授予公共图书馆自主支配的财产和公共图书馆的自有财产。办馆资金不包括代为管理的基础设施和资源性资产，借贷款、合同预收款、合同应付款，职工福利费、保险金、住房公积金等专用基金，规定了使用方向，不能用于民事赔偿的他人资助的资产，按照法律、法规规定不能用于民事赔偿的其他资产。运行经费来源是指公共图书馆的收入渠道，公共图书馆运行经费一般包括文献信息的收集、整理、保存经费，服务经费，设施设备运行维护经费，人员经费和办公经费等。

根据本法第四条规定，政府设立的公共图书馆，其办馆资金和运行经费主要来源于政府的财政投入，县级以上人民政府应当加大对政府设立的公共图书馆的投入，将所需经费列入本级政府预算，并及时、足额拨付。社会力量设立的公共图书馆，应当自筹资金保障其开办及稳定运行。

六、安全保障设施、制度及应急预案

公共文化服务保障法第二十二条规定，公共文化设施管理单位应当建立健全安全管理制度，开展公共文化设施及公众活动的安全评价，依法配备安全保护设备和人员，保障公共文化设施和公众活动安全。本条规定是对公共文化服务保障法上述要求在公共图书馆领域的具体落实。

国家现行有关政策及图书馆领域行业标准对公共图书馆安全保障设施、安全管理制度和安全应急预案做出了具体规定。例如，《公共文化体育设施条例》第二十五条规定，公共文化体育设施管理单位应当建立、健全安全管理制度，依法配备安全保护设施、人员，保证公共文化体育设施的完好，确保公众安全；《图书馆建筑设计规范》（JGJ38—2015）要求，藏书量超过 100 万册的高层图书馆、书库，建筑耐火等级应为一级，除藏书量超过 100 万册的高层图书馆、书库外的图书馆、书库，建筑耐火等级不应低于二级，特藏书库的建筑耐火等级应为一级；网络安全法第十条规定，建设、运营网络或者通过网络提供服务，应当依照法律、行政法规的规定和国家标准的强制性要求，采取技术措施和其他必要措施，保障网络安全、稳定运行，有效应对网络安全事件，防范网络违法犯罪活动，维护网络数据的完整性、保密性和可用性；等等。本法第二十八条也明确规定，公共图书馆应当配备防火、防盗等设施，并按照国家有关规定和标准对古籍和其他珍贵、易损文献信息采取专门的保护措施，确保安全。

第十六条　公共图书馆章程应当包括名称、馆址、办馆宗旨、业务范围、管理制度及有关规则、终止程序和剩余财产的处理方案等事项。

条文解读

本条是关于公共图书馆章程内容的规定。

根据本法第十五条规定，政府及社会力量设立公共图书馆，应当制定章程。本条对章程应当包含的内容要素作了规定。

一、名称、馆址

民法总则规定，法人应当有自己的名称、组织机构、住所、财产或者经费。名称和馆址是公共图书馆注册为法人的基本要素。《事业单位登记管理暂行条例》规定，申请事业单位法人登记应当有自己的名称、组织机构和场所；《民办非企业单位登记管理暂行条例》规定，申请登记民办非企业单位应当有规范的名称、必要的组织机构和必要的场所。根据《事业单位登记管理暂行条例实施细则》《民办非企业单位名称管理暂行规定》等相关规定，规范的公共图书馆名称一般由字号、业务领域、组织形式等部分构成，确定的名称一般应用汉字表达，但在民族自治地方可同时使用本民族自治地方通用的民族文字。政府设立的公共图书馆，名称一般应当冠以所在地行政区划的名称；公民、法人和其他组织设立的公共图书馆，名称一般不冠以所在地行政区划的名称。公共图书馆馆址的法定地址，是其主要办事机构所在地，章程中应载明馆址的详细地址。

二、办馆宗旨、业务范围

办馆宗旨是指公共图书馆设立的目的和为之而完成的事业，它是公共图书馆存在和发展的动力，也是确定公共图书馆业务范围的主要依据。业务范围是指公共图书馆所从事的行业、服务项目的种类，公共图书馆业务范围应当符合宗旨的要求，符合本法的规定，并与其资金、场地、设备、从业人员以及技术力量相适应。公共图书馆的业务范围在章程中确定，经登记管理机关核准登记，公共图书馆应当按核准的业务范围开展活动。

三、管理制度及有关规则

管理制度是为了确保公共图书馆有序运转所做出的系列制度安排，包括：组织管理制度，如组织机构的设置及分工、岗位管理办法等；业务管理制度，如馆藏发展政策及服务规范等；资产管理制度，如文献信息处置制度、设施设备管理制度等；安全管理制度，如消防安全管理制度、网络安全管理制度等。根据本法第二十三条规定建立法人治理结构的公共图书馆，其章程还应包括其法人治理结构的构成、决策机制、运行方式等。

四、终止程序和剩余财产的处理方案

民法总则第五条规定，民事主体从事民事活动，应当遵循自愿原则，按照自己的意思设立、变更、终止民事法律关系。公共图书馆作为依法设立的民事主体，其终止也应当按照法定程序进行，公共图书馆章程应载明其终止程序，包括资产清算、注销登记等。民法总则第九十五条规定，为公益目的成立的非营利法人终止时，不得向出资人、设立人或者会员分配剩余财产。剩余财产应当按照法人章程的规定或者权力机构的决议用于公益目的；无法按照法人章程的规定或者权力机构的决议处理的，由主管机关主持转给宗旨相同或者相近的法人，并向社会公告。公共图书馆属于该条规定的“为公益目的设立的非营利法人”范畴，应根据该条规定明确其终止时剩余财产的处置办法，并在章程中予以明确。

第十七条　公共图书馆的设立、变更、终止应当按照国家有关规定办理登记手续。

条文解读

本条是关于公共图书馆登记管理制度的规定。

建立健全公共图书馆登记管理制度，对公共图书馆进行依法登记，是国家确认其合法性的基本形式，也是公共图书馆取得社会承认的法定渠道。本条规定，公共图书馆的设立、变更、终止应当按照国家有关规定办理登记手续。

一、设立登记

政府设立的公共图书馆属于事业单位，应按照《事业单位登记管理暂行条例》的有关规定进行设立登记，其登记管理机关是各级人民政府机构编制管理机关，省、市、县级公共图书馆应向同级人民政府机构编制管理机关申请登记。公民、法人和其他社会组织设立的公共图书馆属于民办非企业单位，应按照《民办非企业单位登记管理暂行条例》的有关规定进行设立登记，其登记管理机关是各级人民政府民政部门。公民、法人和其他社会组织设立的公共图书馆应经同级人民政府文化行政管理部门审查同意后，向同级人民政府民政部门申请登记。

申请登记应按照有关规定以书面的形式提出申请，并提供相应的法律文书，明确申请要求，提供证明其具备完备的设立条件的证明文件。包括登记申请书，审批机关或业务主管部门的批准文件，章程草案、场所使用权证明，资金和经费来源证明或验资报告，以及其他有关证明文件。经批准后，领取《事业单位法人证书》或《民办非企业单位（法人）登记证书》。

二、变更登记

变更登记是指已准予登记的公共图书馆由于内部或外部的各种原因，原登记事项发生变化时应履行的法律程序。

变更登记是登记管理制度的重要组成部分，也应当按照《事业单位登记管理暂行条例》《事业单位登记管理暂行条例实施细则》和《民办非企业单位登记管理暂行条例》等规定执行。原登记事项需要发生变化的公共图书馆，必须依照法定的时限和程序到原登记管理机关申请办理有关变更登记手续。变更登记的内容包括：名称的变更，馆址的变更，宗旨和业务范围的变更，章程的修改，法定代表人或负责人的变更，开办资金的增减，业务主管单位的变更等。公共图书馆因分立、合并而改变登记事项的，也应办理变更登记。

三、终止登记

公共图书馆终止时应履行注销登记的法律程序。公共图书馆终止，即指公共图书馆不再存在。注销登记与成立登记是相对应的，公共图书馆终止时应当向原登记管理机关申请注销登记。政府设立的公共图书馆终止登记依《事业单位登记管理暂行条例》及《事业单位登记管理暂行条例实施细则》执行，办理注销登记前，应当在审批机关指导下成立清算组织，完成清算工作。自清算结束之日起15日内，向登记管理机关办理注销登记。办理注销登记，应当提交撤销或者解散该事业单位的文件和清算报告；由登记管理机关收缴《事业单位法人证书》和印章。

公民、法人和其他组织设立的公共图书馆终止登记依《民办非企业单位登记管理暂行条例》执行，在办理注销登记前，应当在业务主管单位和其他有关机关的指导下，成立清算组织，完成清算工作。清算期间，不得开展清算以外的活动。法定代表人或者负责人应当自完成清算之日起15日内，向登记管理机关办理注销登记。办理注销登记，须提交注销登记申请书、业务主管单位的审查文件和清算报告。登记管理机关准予注销登记的，发给注销证明文件，收缴登记证书、印章和财务凭证。

第十八条　省、自治区、直辖市人民政府文化主管部门应当在其网站上及时公布本行政区域内公共图书馆的名称、馆址、联系方式、馆藏文献信息概况、主要服务内容和方式等信息。

条文解读

本条是关于省级人民政府文化主管部门公布公共图书馆信息的规定。

一、公布的主体、范围和载体

根据本条规定，公共图书馆信息公布的主体是省、自治区、直辖市人民政府文化主管部门，公布的范围是本省、自治区、直辖市行政区域内的所有公共图书馆信息。由省、自治区、直辖市人民政府文化主管部门负责对本行政区域内所有公共图书馆信息进行公布，目的在于发挥各级人民政府文化主管部门对本行政区域内公共图书馆事业的统筹管理作用，同时确保公布的信息系统、完整，便于公众全面了解和选择利用。

公共图书馆信息公布的载体是省、自治区、直辖市人民政府文化主管部门的网站，体现了国家促进电子政务发展和推动公共数字文化服务的要求。通过网站发布信息，一是具有便利性，公众可以随时随地通过网络和移动设备进行查询；二是具有灵活性，可以根据需要及时对公布信息进行修正与更新，以保持信息的时效性和准确性。

本条对公共图书馆信息公布的时间要求是“及时”，这是由于公共图书馆的名称、馆址、联系方式、馆藏文献信息概况、主要服务内容和方式等信息可能因各方面原因发生变化。为确保公众获取公共图书馆信息准确、有效，省、自治区、直辖市文化行政主管部门应建立公共图书馆信息的有效跟踪和传递制度，及时掌握公共图书馆信息变更情况，同时确保政府网站信息实时动态更新。

根据公共文化服务保障法第二十八条关于市级、县级人民政府应当“制定公布本行政区域公共文化服务目录”和第三十一条第四款关于“公共文化设施管理单位应当公示服务项目和开放时间”的规定，市、县级人民政府还应在本地区公共文化服务目录中包含公共图书馆的有关信息。公共图书馆也应当依法公布本馆信息。例如，本法第三十八条规定公共图书馆应当通过其网站或者其他方式向社会公告本馆的服务内容、开放时间、借阅规则等；因故闭馆或者更改开放时间的，除遇不可抗力外，应当提前公告。

二、公布的内容

公共图书馆信息公布的内容包括公共图书馆的名称、馆址、联系方式、馆藏文献信息概况、主要服务内容和方式等信息。公布的名称和馆址应当准确、详尽。联系方式除电话、传真、通信地址外，还包括网址、邮箱、微信公众号、官方微博账号等。馆藏文献信息概况包括各馆馆藏文献信息的建设方针，馆藏文献信息的数量、种类、特色、利用方式，以及各类文献信息在馆内的布局等。主要服务内容和方式包括开放时间、借阅服务、咨询服务、数字服务、自助服务的内容和利用方式，以及讲座、展览、培训、读者活动等服务项目的主要内容、时间和参与方式等。

第十九条　政府设立的公共图书馆馆长应当具备相应的文化水平、专业知识和组织管理能力。

公共图书馆应当根据其功能、馆藏规模、馆舍面积、服务范围及服务人口等因素配备相应的工作人员。公共图书馆工作人员应当具备相应的专业知识与技能，其中专业技术人员可以按照国家有关规定评定专业技术职称。

条文解读

本条是关于公共图书馆馆长和工作人员要求的规定。

根据本法第十五条的规定，设立公共图书馆应当配备与其功能、馆藏规模等相适应的工作人员。本条是关于公共图书馆工作人员配备方面的具体规定，主要包括三方面内容，一是原则规定了政府设立的公共图书馆馆长的任职条件，二是明确规定了公共图书馆配备工作人员的根据，三是原则规定了公共图书馆工作人员的任职条件，并对专业技术人员评定专业技术职称作出了规定。

一、政府设立的公共图书馆馆长任职条件

馆长负责公共图书馆的运行和日常管理工作，馆长的业务素质、业务能力和组织管理能力，在很大程度上关系着公共图书馆能否良好运转、能否切实履行职能、能否很好地完成推动、引导、服务全民阅读的任务。因此，本条特别对各级人民政府设立的公共图书馆的馆长的任职条件作出规定，主要包括业务素质、业务能力和组织管理能力三个方面。首先，馆长必须具备相应的文化水平，这是馆长履行职责必须具备的基本文化素养和文化知识要求。其次，馆长必须具备图书情报领域的相关专业知识，这是馆长履行职责的业务素质和业务能力的基本要求。最后，馆长必须具备相应的组织管理能力，这是馆长履行职责的日常管理工作能力的基本要求。本款规定仅适用于政府设立的公共图书馆。

二、公共图书馆配备工作人员的依据

公共图书馆配备“相应的”工作人员，包括两方面内容：一是工作人员的结构，二是工作人员的数量。本条第二款规定公共图书馆配备工作人员的依据主要包括功能、馆藏规模、馆舍面积、服务范围及服务人口等因素。现行国家标准和行业标准对公共图书馆工作人员有具体要求，如《公共图书馆服务规范》（GB/T 28220—2011）规定：“公共图书馆应配备数量适宜的工作人员。具有相关学科背景的专业技术人员应占在编人员的75%以上，少数民族自治地区公共图书馆要配备熟悉少数民族语言文字的专业技术人员。”“公共图书馆工作人员数量的确定，应以所在区域服务人口数为依据。每服务人口10000人~25000人应配备1名工作人员。各级公共图书馆所需的人员数量的配备，还应兼顾服务时间、馆舍规模、馆藏资源数量、年度读者服务量等因素。”配备“相应的”工作人员，还意味着当公共图书馆的功能、馆藏规模、馆舍面积、服务范围及服务人口等因素发生变化时，工作人员的数量或结构也应随之调整。

三、公共图书馆工作人员的任职条件

本条第二款还规定了公共图书馆工作人员的任职条件，要求公共图书馆工作人员应当具备相应的专业知识与技能。公共图书馆工作具有其专业性，各类不同岗位有不同的专业要求，公共图书馆应当根据岗位需要，分别确定不同岗位工作人员应当具备的专业知识与技能。其中，专业知识是指工作人员对所在岗位领域知识的积累；专业技能是指工作人员在岗位实践中应用专业知识解决实际问题的能力。

四、公共图书馆专业技术人员的专业技术职称评定

公共图书馆工作人员，可分为专业技术人员和非专业技术人员。其中，专业技术人员可以按照国家相关政策规定评定专业技术职称。《公共图书馆服务规范》（GB/T 28220—2011）将公共图书馆专业技术人员界定为符合下列条件之一并从事相关业务工作的人员：具有助理馆员等各类初级及以上专业技术职务任职资格；具有图书馆学专业（或图书情报专业）专科或以上学历；非图书馆学专业（或图书情报专业）专科或以上学历，须经过省级及以上学会（协会）、图书馆、大学院系举办的图书馆学专业（或图书情报专业）课程培训，培训课时不少于320学时并成绩合格。

政府设立的公共图书馆为事业单位，其专业技术人员的职称评定按照事业单位人事和岗位设置的规定执行。根据《事业单位人事管理条例》的规定，对工作人员实行分级分类管理，按照《事业单位岗位设置管理试行办法》及实施意见，设专业技术岗位并分为十三个等级。

公民、法人和其他组织设立的公共图书馆，其专业技术人员可依据党和国家关于深化职称制度改革，畅通非公有制经济组织和社会组织人才职称评审渠道的有关政策文件规定，参加职称评定。2016年，中共中央印发《关于深

化人才发展体制机制改革的意见》，明确要求深化职称制度改革，主张突出用人主体在职称评审中的主导作用，畅通非公有制经济组织和社会组织人才参加职称评审渠道；2017年，中共中央办公厅、国务院办公厅印发《关于深化职称制度改革的意见》，提出要进一步打破户籍、地域、身份、档案、人事关系等制约，创造便利条件，畅通非公有制经济组织、社会组织、自由职业专业技术人才职称申报渠道，使科技、教育、医疗、文化等领域民办机构专业技术人才与公立机构专业技术人才在职称评审等方面享有平等待遇。有关部门应当根据上述要求，尽快明确非公有制经济组织和社会组织人才参与职称评定的具体办法。

第二十条 公共图书馆可以以捐赠者姓名、名称命名文献信息专藏或者专题活动。

公民、法人和其他组织设立的公共图书馆，可以以捐赠者的姓名、名称命名公共图书馆、公共图书馆馆舍或者其他设施。

以捐赠者姓名、名称命名应当遵守有关法律、行政法规的规定，符合国家利益和社会公共利益，遵循公序良俗。

条文解读

本条是关于公共图书馆以捐赠者命名的规定。

本法第四条规定，县级以上人民政府应当积极调动社会力量参与公共图书馆建设，并按照国家有关规定给予政策扶持。向公共图书馆捐赠，是社会力量参与公共图书馆建设的一条重要渠道。社会力量向公共图书馆捐赠具有不同的动机，因此相应的政策扶持也应该是多元的。本法第六条规定国家鼓励公民、法人和其他组织依法向公共图书馆捐赠，并依法给予税收优惠，是从物质层面给予的政策扶持；本条规定公共图书馆可以以捐赠者命名，则是从精神层面给予的政策扶持。本条共三款，前两款是关于公共图书馆可以以捐赠者命名的规定，第三款是关于以捐赠者命名的限制性规定。

一、关于公共图书馆可以以捐赠者命名的规定

本条第一款规定，公共图书馆可以以捐赠者姓名、名称命名文献信息专藏或者专题活动；第二款规定，公民、法人和其他组织设立的公共图书馆，可以以捐赠者的姓名、名称命名公共图书馆、公共图书馆馆舍或者其他设施。

政府设立的公共图书馆，可以以捐赠者姓名、名称命名的方式包括两种，一种是命名文献信息专藏，即对有重要价值且数量达到一定规模的捐赠文献信息，设立以捐赠的公民、法人或其他组织的姓名或名称命名的专藏文献；另一种是命名专题活动，即以公民、法人或其他组织的姓名或名称命名公共图书馆开展的公益性讲座、培训、展览、阅读推广等专题活动。

公民、法人和其他组织设立的公共图书馆，除了可以按照第一款规定的以捐赠者姓名、名称命名文献信息专藏或者专题活动外，还可以以捐赠者的姓名、名称命名公共图书馆、公共图书馆馆舍或者其他设施。公益事业捐赠法第十四条规定，捐赠人对于捐赠的公益事业工程项目可以留名纪念；捐赠人单独捐赠的工程项目或者主要由捐赠人出资兴建的工程项目，可以由捐赠人提出工程项目的名称，报县级以上人民政府批准。本条规定是对公民、法人和其他组织捐资设立公共图书馆适用公益事业捐赠法的确认。

二、关于以捐赠者命名的限制性规定

本条第三款对公共图书馆以捐赠者命名作出了限制性规定。

公共图书馆以捐赠者姓名、名称命名，应当遵守有关法律、行政法规的规定，符合国家利益和社会公共利益，遵循公序良俗。

公共图书馆以捐赠者命名，是法律给予公共图书馆及其捐赠者的一项重要权利。我国宪法和其他相关法律对公民、法人和其他组织行使权利时所应承担的相应义务提出了明确要求。例如，宪法第五十一条规定，我国公民在行使权利时，不得损害国家的、社会的、集体的利益和其他公民的合法权利。又如，民法总则规定，民事主体从事民事活动，不得违反法律和违背公序良俗。公民、法人和其他组织设立的公共图书馆根据本条规定以捐赠者的姓名、名称命名公共图书馆、公共图书馆馆舍或者其他设施时，还应当遵守《民办非企业单位名称管理暂行规定》的相关规定，特别是其中的禁止性规定，当捐赠者姓名、名称中包含有损于国家、社会公共利益，或违背社会道德风尚，带有封建迷信色彩，或可能对公众造成欺骗或误解的含义时，不得以其姓名、名称对公共图书馆及其馆舍、设施进行命名。

第二十一条　公共图书馆终止的，应当依照有关法律、行政法规的规定处理其剩余财产。

条文解读

本条是关于公共图书馆终止后剩余财产处理的规定。

公共图书馆终止后的剩余财产是指公共图书馆因解散、宣告破产或其他原因丧失民事主体资格，并依法清偿债务后的剩余财产，包括馆舍、馆藏文献信息、设施设备等。民法总则第七十二条第二款规定，法人清算后的剩余财产，根据法人章程的规定或者法人权力机构的决议处理。法律另有规定的，依照其规定。公共图书馆终止后的剩余财产，应当遵循公共图书馆章程中的剩余财产处理方案进行处理。由于所有制性质的不同，政府设立的公共图书馆和社会力量设立的公共图书馆终止后剩余财产的处理也不尽相同。

一、政府设立的公共图书馆剩余财产的处理

政府设立的公共图书馆属于公益性事业单位，其各项资

产的属性主要是国有资产，这一类公共图书馆的终止程序及终止后的剩余财产应当按照《事业单位登记管理暂行条例》和《事业单位国有资产管理暂行办法》等相关规定处理。

根据《事业单位登记管理暂行条例》的规定，事业单位被撤销、解散的，应当向登记管理机关办理注销登记或者注销备案。事业单位办理注销登记前，应当在审批机关指导下成立清算组织，完成清算工作。根据《事业单位国有资产管理暂行办法》的规定，事业单位处置国有资产，应当严格履行审批手续，未经批准不得自行处置。因依法撤销或者整体改制等原因被清算、注销的事业单位，应办理注销产权登记。

政府设立的公共图书馆因分立、合并而终止的，其剩余资产由本级财政部门、公共图书馆的主管部门安排处置，并办理产权变更登记。政府设立的公共图书馆因撤销和解散而终止的，应当在审批机关指导下成立清算组织，完成清算工作，其剩余资产由本级财政部门、公共图书馆的主管部门安排处置，并办理事业单位法人注销登记和产权注销登记。

二、社会力量设立的公共图书馆剩余财产的处理

社会力量设立的公共图书馆因章程规定的存续期间届满或者法人章程规定的其他解散事由而终止的，须进行财产清算并妥善处理其剩余财产。社会力量设立的公共图书馆的性质属于民办非企业单位，应根据《民办非企业单位登记管理暂行条例》的相关规定，在业务主管单位和其他有关机关的指导下，成立清算组织，完成清算工作，并办理注销登记。

对社会力量设立的公共图书馆终止剩余财产的处理，还应遵守民法总则的相关规定，民法总则第九十五条指出，为公益目的成立的非营利法人终止时，不得向出资人、设立人或者会员分配剩余财产。剩余财产应当按照法人章程的规定或者权力机构的决议用于公益目的；无法按照法人章程的规定或者权力机构的决议处理的，由主管机关主持转给宗旨相同或者相近的法人，并向社会公告。

三、属于文物、档案和国家秘密的剩余财产的处理

在公共图书馆财产中，可能存在属于文物、档案和国家秘密的馆藏文献信息。本法第十条第二款特别指出，馆藏文献信息属于文物、档案或者国家秘密的，公共图书馆应当遵守有关文物保护、档案管理或者保守国家秘密的法律、行政法规规定。公共图书馆终止时，对这一类剩余财产的处理，也应遵守上述相关法律、行政法规的规定。

需要指出的是，由于社会力量设立的公共图书馆终止的原因较为复杂，可能出现由于资不抵债等原因无法正常运行下去而终止的情形，在这种情况下，应特别注意，不得以违反法律的方式将属于文物、档案和国家秘密的财产用于清偿债务。

第二十二条 国家设立国家图书馆，主要承担国家文献信息战略保存、国家书目和联合目录编制、为国家立法和决策服务、组织全国古籍保护、开展图书馆发展研究和国际交流、为其他图书馆提供业务指导和技术支持等职能。国家图书馆同时具有本法规定的公共图书馆的功能。

条文解读

本条是关于国家图书馆职能的规定。

一、国家图书馆承担的主要职能

国家图书馆的设立主体为国家，中央人民政府代表国家设立国家图书馆。国家图书馆在整个国家的公共图书馆体系中通常处于独特的中心地位，区别于其他公共图书馆，承担着特殊的国家职能。本条规定了国家图书馆承担的七个方面主要职能：

第一，国家文献信息战略保存。国家图书馆是国家文献信息资源总库（国家总书库），为实现国家文化遗产的全面保存，一方面要秉承“中文求全”的原则，全面收集国内出版的各文种、各类型、各载体文献，尽可能保证入藏品种和版本的齐全，同时加强中文资料及港澳台、海外中文出版物的采选。另一方面要永久保存和保护收集的文献信息，建设国家级文献资源保障中心和保存基地，开展国家文献战略储备，对国家重要文献实现异地备份保存。本法第二十六条规定，国家图书馆应当根据国家有关规定接受出版单位交存的文献信息，并对其进行妥善保存，这也是国家图书馆履行国家文献信息战略保存职能的重要法律保障。

第二，国家书目和联合目录编制。国家图书馆是国家书目中心，应当编制国家书目，揭示和报道一个国家在一定时期内出版的各类文献的目录。同时，国家图书馆应当建设全国联合编目中心，联合其他图书馆揭示和报道馆藏目录，加强各类型文献信息的整合揭示与统一检索，推进全国公共图书馆馆藏文献的开放共享。

第三，为国家立法和决策服务。国家图书馆应当为国家立法和政府决策提供文献信息服务。服务对象包括立法机构和决策机构，立法机构包括全国人民代表大会、全国人民代表大会常务委员会和各专门委员会，以及国务院各部委的法规制定部门；决策机构主要包括党和国家领导人、中共中央及其所属机关、国务院及其所属部委。

第四，组织全国古籍保护。2007 年 5 月，经中央机构编制委员会办公室批准，国家图书馆加挂“国家古籍保护中心”牌子。作为国家古籍保护中心，国家图书馆应当在文化行政主管部门领导下，联合全国文献存藏机构，建立健全全国古籍保护工作机制，加强古籍保护人才培养，深入开展古籍普查登记、保护修复、整理出版、研究利用等工作，全面提升全国古籍保护工作水平。

第五，开展图书馆发展研究。国家图书馆是全国图书馆发展研究中心，应当通过开展事业发展研究和业务研究，制定标准规范，进行关键技术应用的攻关研发，出版学术著作，组织交流研讨等方式，联合业界共同开展图书馆事业发展研究与业务研究，推动事业发展关键领域的研究和创新。国家图书馆还应当围绕图书馆事业发展关键领域重点问题，组织开展调查研究，为国家制定实施图书馆领域相关法律、规划、政策、标准等提供理论支撑和决策参考。

第六，国际交流。国家图书馆作为一国图书馆事业的中心，应当代表并组织中国图书馆界参与国际图书馆事务，通过项目合作、业务研讨、交流互访等方式，加强与各国图书馆间的交流与合作，共同促进全球图书馆事业的发展进步。国家图书馆同时还是国家文化遗产的重要传承机构，是国家和民族文化的象征，应当代表国家执行有关对外文化协定，促进中外文化的交流与传播，为推进世界多元文化的发展做出积极贡献。此外，国家图书馆还应按照与相关国际组织的约定，承担国际标准连续出版物编码（ISSN）中国国家中心、国际图书馆协会联合会（IFLA）保存保护中心中国中心、国际图书馆协会联合会（IFLA）中文语言中心、联合国资料托存馆等职责。

第七，为其他图书馆提供业务指导和技术支持。国家图书馆由国家设立，受国家政策支持，在文献信息、设施设备、软硬件系统及专业技术人才等方面都拥有得天独厚的优势，应当充分发挥其自身优势，通过搭建行业合作平台、实施重点文化工程、开展业务培训和技术指导、研制工作标准和业务规范等多种方式，帮助各级各类图书馆提升业务水平和服务能力。

二、国家图书馆具有的公共图书馆功能

本条规定，国家图书馆同时具有本法规定的公共图书馆的功能。本法多个条款对公共图书馆的功能作出了规定，例如，第二十四条规定，公共图书馆应当根据办馆宗旨和服务对象的需求，广泛收集文献信息；政府设立的公共图书馆还应当系统收集地方文献信息，保存和传承地方文化。第二十八条规定，公共图书馆应当妥善保存馆藏文献信息。第三十三条规定，公共图书馆应当按照平等、开放、共享的要求向社会公众提供服务。公共图书馆应当免费向社会公众提供下列服务：（一）文献信息查询、借阅；（二）阅览室、自习室等公共空间设施场地开放；（三）公益性讲座、阅读推广、培训、展览；（四）国家规定的其他免费服务项目。第二十四条第一款规定，政府设立的公共图书馆应当设置少年儿童阅览区域，根据少年儿童的特点配备相应的专业人员，开展面向少年儿童的阅读指导和社会教育活动，并为学校开展有关课外活动提供支持。第三十四条第二款规定，政府设立的公共图书馆应当考虑老年人、残疾人等群体的特点，积极创造条件，提供适合其需要的文献信息、无障碍设施设备和服务等。第三十五条规定，政

府设立的公共图书馆应当根据自身条件，为国家机关制定法律、法规、政策和开展有关问题研究，提供文献信息和相关咨询服务。第三十六条规定，公共图书馆应当通过开展阅读指导、读书交流、演讲诵读、图书互换共享等活动，推广全民阅读。第四十条第二款规定，政府设立的公共图书馆应当加强数字资源建设、配备相应的设施设备，建立线上线下相结合的文献信息共享平台，为社会公众提供优质服务。第四十一条规定，政府设立的公共图书馆应当加强馆内古籍的保护，根据自身条件采用数字化、影印或者缩微技术等推进古籍的整理、出版和研究利用，并通过巡回展览、公益性讲座、善本再造、创意产品开发等方式，加强古籍宣传，传承发展中华优秀传统文化。

国家图书馆在履行本条规定的七个方面主要职能的同时，还应当根据上述条款的要求，发挥公共图书馆功能。

第三章 运　　行

本章是关于公共图书馆运行的规定。

本章共十条，确立了公共图书馆的运行管理制度，如建立健全法人治理结构、建立县级图书馆总分馆制等；规定了公共图书馆文献信息收集、整理、加工、保存、处置的合法方式及其相关限制；明确了出版单位向国家图书馆和省级公共图书馆交存正式出版物的法律要求；规定了公共图书馆设施设备的检查维护和用途限制；并对公共图书馆加强馆际交流与合作，与档案馆、博物馆、纪念馆等文化机构围绕档案、文物的研究和利用开展合作等提出了要求。

第二十三条　国家推动公共图书馆建立健全法人治理结构，吸收有关方面代表、专业人士和社会公众参与管理。

条文解读

本条是关于公共图书馆法人治理结构的规定。

2011年，国务院办公厅发布《关于印发分类推进事业单位改革配套文件的通知》，其中包括《关于建立和完善事业单位法人治理结构的意见》。2013年，党的十八届三中全会通过《中共中央关于全面深化改革若干重大问题的决定》，提出要“明确不同文化事业单位功能定位，建立法人治理结构，完善绩效考核机制。推动公共图书馆、博物馆、文化馆、科技馆等组建理事会，吸纳有关方面代表、专业人士、各界群众参与管理”。2016年出台的公共文化服务保障法第二十四条规定：“国家推动公共图书馆、博物馆、文化馆等公共文化设施管理单位根据其功能定位建立健全法人治理结构，吸收有关方面代表、专业人士和公众参与管理”。2017年，经党中央、国务院同意，中共中央宣传部、原文化部等七部委联合发布《关于深入推进公共文化机构法人治理结构改革的实施方案》（以下简称《实施方案》），提出到2020年底，全国市（地）级以上规模较大、面向社会提供公益服务的公共图书馆、博物馆、文化馆、科技馆、美术馆等公共文化机构，基本建立以理事会为主要形式的法人治理结构，决策、执行和监督机制进一步健全，相关方权责更加明晰，运转更加顺畅，活力不断增强，人民群众对公共文化的获得感明显提升。本条规定进一步明确了党和国家关于推动公共图书馆建立健全法人治理结构的要求。

国家推动公共图书馆建立健全法人治理结构，其目的在于厘清政府和公共图书馆的责任，推动公共图书馆领域实现政事分开、管办分离，落实公共图书馆法人自主权，吸收有关方面代表、专业人士和社会公众参与公共图书馆管理，进一步提升公共图书馆管理水平和服务效能，增强活力，为人民群众提供更加优质高效的公共文化服务，促进公共文化事业发展。

政府设立的公共图书馆应按照《实施方案》的要求，从以下几个主要方面建立健全法人治理结构。

一是建立以理事会为主要形式的法人治理结构。公共图书馆法人治理结构主要由理事会和管理层构成，理事会是公共图书馆的决策机构，成员由政府有关部门、公共图书馆、服务对象和其他有关方面的代表构成，本馆以外人员担任的理事要占多数，要确保理事会成员的社会代表性。管理层负责执行理事会作出的决策，管理层由公共图书馆的行政负责人及其他主要管理人员组成。

二是明确相关方职责。相关行政主管部门作为举办单位，负责对公共图书馆和理事会建设进行监督指导、绩效考核。理事会负责本馆的发展规划、财务预决算、重大业务、章程拟订和修订等决策事项，按照有关规定履行人事管理和监督职责。管理层按照理事会决议自主履行日常业务管理、财务资产管理和一般工作人员管理等职责。

三是制定机构章程。依照本法第十五条规定，设立公共图书馆应当具备的条件之一就是要有章程。公共图书馆章程应当包括理事会的职责、构成、会议制度，理事的产生方式和任期、权利和义务，管理层的职责和产生方式等。应当强化章程在公共图书馆依法实施管理和履行职能方面的基础作用。

四是规范管理运行。公共图书馆的举办单位应注重加强宏观管理，指导组建理事会和管理层，按章程规定对理事会的重大决策进行审查，对理事会以及理事进行监督和评价，并建立理事责任追究机制。理事会严格实行集体审议、独立表决、个人负责的决策制度，依法依章程行使决策权和监督权，对举办单位负责，接受政府监管和社会监督。管理层对理事会负责，定期向理事会报告工作，接受理事会监督。公共图书馆应根据国家有关政策法规，配套建立年度报告、信息公开、绩效评估和责任追究等相关制度。

五是加强党的建设。公共图书馆的举办单位要加强对公共图书馆党建工作的领导，将党建工作要求纳入公共图书馆章程，明确党组织在决策、执行、监督各环节的权责和工作方式，切实加强基层党组织建设和党员队伍建设。落实意识形态工作责任制。完善“双向进入、交叉任职”的配备方式，党组织领导班子成员按照章程进入理事会和管理层。理事会和管理层中的党员领导人员按照党内有关规定进入党组织领导班子。积极探索党管干部原则与理事会行使人事管理自主权有机结合的途径和方式。凡涉及公共图书馆改革发展稳定和事关职工群众切身利益的重大决策、重要人事任免、重大项目安排、大额度资金使用事项，党组织必须参与讨论研究，理事会作出决定前，应征得党组织同意。

为保障公共图书馆法人治理结构改革的有效落实，还应当采取相关的配套措施，包括落实公共图书馆人事管理自主权、扩大公共图书馆收入分配自主权、加强民主管理和社会参与、创新服务内容和方式等。

另外，《实施方案》还对公民、企事业单位、社会组织或者其他组织举办的公共文化机构推进法人治理结构改革提出了要求，社会力量设立的公共图书馆可参照该要求，结合实际自主深入推进法人治理结构改革，促进科学决策、民主监督和信息公开透明，提高服务效能。

第二十四条 **公共图书馆应当根据办馆宗旨和服务对象的需求，广泛收集文献信息；政府设立的公共图书馆还应当系统收集地方文献信息，保存和传承地方文化。**

文献信息的收集应当遵守有关法律、行政法规的规定。

条文解读

本条是关于公共图书馆文献信息收集要求的规定。

一、公共图书馆应当广泛收集文献信息

收集文献信息是公共图书馆的基本功能之一，也是公共图书馆的基础工作。本法规定公共图书馆应当根据办馆宗旨和服务对象的需求，广泛收集各类文献信息。

公共图书馆广泛收集各类文献信息的依据有两个，一是办馆宗旨。本法第十六条规定，公共图书馆章程应当包括办馆宗旨。办馆宗旨是指公共图书馆设立的目的和为之而完成的事业，是公共图书馆存在和发展的动力，也是确定公共图书馆业务范围的主要依据。公共图书馆应收集与其办馆宗旨相吻合的文献信息。

二是服务对象的需求。不同层级、区域、类型、兴办主体等的公共图书馆的服务对象有所区别，其服务对象的需求也不尽相同。公共图书馆应当根据不同服务群体的需求收集各类文献信息，满足服务对象的需求；注重对特殊群体的服务，践行普遍均等服务理念，保障特殊群体的基本文化权益。例如，本法第三十四条规定政府设立的公共图书馆应当考虑老年人、残疾人等群体的特点，积极创造条件，提供适合其需要的文献信息。

公共图书馆应广泛收集各类文献信息，其中“广泛”是指涉及的方面广、范围大，具有普遍性和综合性。公共图书馆收集文献信息的广泛性主要体现在两个方面。一是广泛收集不同服务对象所需的文献信息。公共图书馆除了收集面向普通用户的文献信息外，还需要收集面向未成年

人、老年人、残疾人等特殊群体的文献信息。同时，由于服务对象对文献信息的需求具有多样性和多层次的特点，公共图书馆收集的文献信息也应当涵盖科学研究、教育学习、社会生活、休闲娱乐等多方面内容。二是广泛收集不同载体类型的文献信息，包括图书报刊、音像制品、缩微制品、数字资源等。

二、政府设立的公共图书馆应当系统收集地方文献信息

本法规定政府设立的公共图书馆应当系统收集地方文献信息，保存和传承地方文化。地方文献信息是指有关某一特定地区及其居民的各类型文献信息。地方文献信息具有一定的史料价值，是地方文化的重要载体，在传承独具特色的地方文化、发掘本地优秀人文资源、服务地方经济文化建设，以及提高公众对文化遗产的认识等方面发挥着重要的作用。地方文献信息是公共图书馆馆藏特色的重要体现，有利于促进图书馆藏书的特色化和体系化建设，也是衡量馆藏质量的重要指标。通过系统收集地方文献信息，有利于保障区域文献的完整性和系统性，满足不同层次的用户需求，推进图书馆馆藏文献信息的开发与利用。保存和传承地方文化是政府设立的公共图书馆系统收集地方文献信息的主要目的之一。《公共图书馆服务发展指南》指出，公共图书馆应当是地方社区中收集、保护和推广各种地方文化的非常重要的机构。

本条强调系统收集地方文献信息属于政府设立的公共图书馆的职责范畴，也是政府设立的公共图书馆的法定义务。不同于公民、法人和其他组织自筹资金设立的公共图书馆，政府设立的公共图书馆被纳入本级国民经济和社会发展规划，所需经费列入本级政府预算，应当承担收集地方文献信息、保护和传承地方文化的职能，并满足本区域用户的地方性文献信息需求和服务地方社会经济文化的发展。

政府设立的公共图书馆应当系统收集地方文献信息，“系统”是强调公共图书馆收集地方文献信息的科学性和完整性，对有关本地区的文献信息，不论古今中外、题材、内容或作者等，只要具有一定的学术价值或使用价值都应收集；要明确地方文献信息的收集目标和重点收集对象，有计划、有针对性地开展地方文献信息收集工作，确保地方文献信息收集的持续性和完整性。本法第二十六条规定，出版单位应当按照国家有关规定向国家图书馆和所在地省级公共图书馆交存正式出版物。该规定明确了国家图书馆和省级公共图书馆保存地方出版物的责任与义务，也使政府设立的公共图书馆具备了收集地方文献的优势和便利。根据《中华人民共和国政府信息公开条例》的规定，公共图书馆是公众查阅政府信息的场所之一，这也为公共图书馆收集地方文献信息提供了便利。为保障地方文献信息收集工作顺利展开，政府设立的公共图书馆应当建立地方文献信息收集机制，多途径、多渠道、多层次地进行地方文献信息收集，并贴合时代发展，适时拓宽地方文献信息获取途径和存储介质。

政府设立的公共图书馆在系统收集地方文献信息的同时，应当遵守本法第二十七条、第二十八条规定，对馆藏地方文献信息进行整理、保存及处置。此外，本法第十条对馆藏文献信息属于文物、档案或者国家秘密的情况进行了规定；第三十二条对公共图书馆馆藏档案、文物的利用作出了规定。地方文献信息涵盖地方史料，其中属于文物、档案或者国家秘密的，公共图书馆应当遵守有关文物保护、档案管理或者保守国家秘密的法律、行政法规规定，依法保护和使用地方文献信息。

三、文献信息的收集应当遵守有关法律、行政法规

本条第二款规定文献信息的收集应当遵守有关法律、行政法规的规定。根据本法第二十五条的规定，文献信息收集有采购、接受交存或者捐赠等合法方式。在收集文献信息时，应遵守有关法律、行政法规的规定。如通过采购的方式收集文献信息，应当遵守《中华人民共和国政府采购法》《中华人民共和国招标投标法》《中华人民共和国合同法》等相关法律法规的规定；通过接受交存的方式收集文献信息，应当遵守《出版管理条例》和《音像制品管理条例》等相关法规的规定；通过捐赠的方式收集文献信息，应当遵守《中华人民共和国公益事业捐赠法》等法律法规的相关规定；此外，公共图书馆应遵守《中华人民共和国著作权法》中关于著作权的保护以及限制的相关规定；遵守《电子出版物出版管理规定》的相关规定；等等。

第二十五条　公共图书馆可以通过采购、接受交存或者捐赠等合法方式收集文献信息。

条文解读

本条是关于公共图书馆文献信息收集方式的规定。

本条规定公共图书馆收集文献信息的方式包括采购、接受交存或者捐赠等合法方式。

一、采购

采购是公共图书馆重要的文献信息收集方式之一，公共图书馆应当在预算中安排必要的专门经费用以采购文献信息。采购包括订购和现购两种主要方式。公共图书馆可根据文献出版信息，从出版机构或书商等提供的文献征订目录中选择所需文献下订单，由其按照订单预定的品种、数量供应文献；也可通过图书馆采访人员直接到出版、发行部门或在书展、书店等地直接现场挑选文献。公共图书馆还可通过其他补充形式，提高采购质量，或加强采购的针对性，如就采购计划向图书馆用户或专家学者征求意见，开展读者决策采购活动，等等。公共图书馆在采购文献信息时应当遵守著作权法等法律、行政法规；此外，政府设立的公共图书馆采购文献信息的经费主要来源于各级财政拨付的文献信息采购专项资金，还应当遵守政府采购法、招标投标法和合同法等法律、行政法规的规定。如政府采购法规定，政府采购应当严格按照批准的预算执行；政府采购实行集中采购和分散采购相结合；公开招标应作为政府采购的主要采购方式。招标投标法规定，招标项目按照国家有关规定需要履行项目审批手续的，应当先履行审批手续，取得批准。合同法规定，依法成立的合同，对当事人具有法律约束力；当事人应当按照约定履行自己的义务，不得擅自变更或者解除合同；依法成立的合同，受法律保护；等等。

二、接受交存

本法第二十六条规定，出版单位应当按照国家有关规定向国家图书馆和所在地省级图书馆交存正式出版物。接受交存是省级以上公共图书馆收集文献信息的重要方式之一，接受交存保证了省级以上公共图书馆收集文献信息的系统性。此外，部分地方性公共图书馆法规或政府规章也规定了交存制度，要求本行政区域内的出版单位在规定时间内向指定公共图书馆交存出版物。出版单位应当依法及时交存正式出版物。省级以上公共图书馆应遵守本法第二十七条和第二十八条的规定，妥善保存、及时整理、充分利用好此类文献信息，更好地为社会公众提供服务。

三、接受捐赠

接受捐赠也是公共图书馆收集文献信息的重要途径和

方式，本法第六条规定，国家鼓励公民、法人和其他组织依法向公共图书馆捐赠。接受捐赠可使公共图书馆获得许多有收藏价值或是无法通过一般渠道购买的重要文献。公益事业捐赠法规定，捐赠应当是自愿和无偿的；捐赠财产的使用应当尊重捐赠人的意愿；捐赠应当遵守法律、法规，不得违背社会公德，不得损害公共利益和其他公民的合法权益；捐赠人可以与受赠人就捐赠财产的种类、质量、数量和用途等内容订立捐赠协议；受赠人接受捐赠后，应当向捐赠人出具合法、有效的收据，将受赠财产登记造册，妥善保管。公共图书馆应当按照捐赠法的要求接受文献信息的捐赠，接受捐赠时办理捐赠手续，规范对捐赠文献信息的管理，保障捐赠程序和捐赠内容的合法性。本法第二十条还对公共图书馆以捐赠者姓名、名称命名作出了规定。

四、其他合法方式

公共图书馆的文献收集除了采购、接受交存或者捐赠外，还有交换、征集、调拨、自建等合法方式。交换和调拨属于档案、文物的馆藏文献信息，应注意遵守《中华人民共和国文物保护法》和《中华人民共和国档案法》相关规定。在对文献信息进行数字化或者自建数据库或数字文献时，应遵守《信息网络传播权保护条例》相关规定。此外，公共图书馆收集文献信息还应遵守《中华人民共和国著作权法》等相关法律、行政法规的规定，合法收集，合理使用。

第二十六条　出版单位应当按照国家有关规定向国家图书馆和所在地省级公共图书馆交存正式出版物。

条文解读

本条是关于出版单位交存义务的规定。

本法规定，出版单位应当按照国家有关规定向国家图书馆和所在地省级公共图书馆交存正式出版物。出版单位向指定图书馆交存正式出版物，是世界各国通行的一种出版物管理制度。为了完整收集和保存一个国家或地区全部正式出版物，目前世界上已有100多个国家和地区通过立法或其他强制性规定，要求所有出版单位必须向指定图书馆交存一定份数的最新出版物。在我国，这一制度曾经又被称为出版物样本缴送制度或呈缴制度。

1955年，原文化部制定《关于征集图书、杂志样本办法》，规定凡公开发行的书籍、图书、杂志，从第一版起，每出一版均应缴送国立北京图书馆（今国家图书馆）一份。1979年，国家出版局修订了《关于征集图书、杂志、报纸样本办法》，规定凡出版社、杂志社和报社编辑、出版的各种图书、杂志、报纸，均应在出版物出版后即向国家出版事业管理局、版本图书馆及北京图书馆（今国家图书馆）缴送出版物样本。1997年，国务院颁布了《出版管理条例》，规定出版单位发行其出版物前，应当按照国家有关规定向北京图书馆（今国家图书馆）、中国版本图书馆和国务院出版行政部门免费送交校本。现行的《出版管理条例》于2001年发布，后经历了四次修订，但出版物交存的规定一直延续了下来。此外，部分省市通过地方法律法规建立了当地的出版物缴送制度，如《上海市公共图书馆管理办法》《北京市图书馆条例》《湖北省公共图书馆条例》《深圳经济特区公共图书馆条例》等，都对出版物缴送制度作出了规定。本法没有采用“缴送”“送缴”等以往常用术语，而采用了“交存”一词，更加清晰地明确了出版单位和公共图书馆双方的法定责任，即出版单位应当承担“交”的义务，而国家图书馆或省级图书馆应当承担“存”的责任。

一、交存主体和交存范围

本条规定的交存主体为出版单位，根据《出版管理条例》第九条规定，出版单位包括报社、期刊社、图书出版社、音像出版社和电子出版物出版社等。法人出版报纸、期刊，不设立报社、期刊社的，其设立的报纸编辑部、期刊编辑部视为出版单位。向国家图书馆和所在地省级公共图书馆交存正式出版物是出版单位的法定义务，交存范围是出版单位正式出版的报纸、期刊、图书、音像制品、电子出版物等出版物。

二、接受交存的机构

本条明确规定接受出版物交存的机构为“国家图书馆

和所在地省级公共图书馆”，出版单位的正式出版物既要向国家图书馆交存，还应向出版单位所在地的省级公共图书馆交存，“所在地”即指出版单位所在的省级行政区域。对于接受交存的国家图书馆和省级公共图书馆而言，除了接受出版单位交存的正式出版物外，还应当按照本法第二十七条、第二十八条及其他相关规定，对接受交存的文献信息进行整理和妥善保存。

三、交存的依据

本条规定，出版单位向国家图书馆和所在地省级公共图书馆交存正式出版物要“按照国家有关规定”。国家有关规定主要是指《出版管理条例》《音像制品管理条例》等相关行政法规和部门规章，出版物交存工作应该按照本法及相关法规的要求执行。对于与本法要求不一致的规定，国务院有关部门应当尽快启动相关修改工作，完成与本法的衔接，如按照现行《出版管理条例》第二十二条、《音像制品管理条例》第十二条的规定，接受出版物交存的单位为“国家图书馆、中国版本图书馆和国务院出版行政主管部门”，本法增加了出版单位所在地的省级公共图书馆。此外，地方立法机关和有关政府部门也应当对地方性法规、规章和其他规范性文件中与本法不一致的内容进行及时修改和调整。

第二十七条　公共图书馆应当按照国家公布的

标准、规范对馆藏文献信息进行整理，建立馆藏文献信息目录，并依法通过其网站或者其他方式向社会公开。

条文解读

本条是关于公共图书馆文献信息整理、建立并公开馆藏文献信息目录的规定。

一、馆藏文献信息整理

公共图书馆应当按照国家公布的标准、规范对馆藏文献信息进行整理。文献信息整理是指为了实现图书馆有效保存文献信息并提供利用的目的，对馆藏文献信息进行整序、布局、排列及管理，使之成为有序化的科学的文献信息资源体系的过程。文献信息整理涉及馆藏文献信息的有序化组织和优化整理，涵盖文献信息的清点、登记、入藏、分类、编目、附件加工、排架等内容。

（一）馆藏文献信息整理的必要性

公共图书馆对馆藏文献信息进行整理是公共图书馆厘清馆藏文献信息、明确文献信息权属、提供文献信息利用、开展阅读服务和文献信息服务的基础。通过文献信息整理，有利于实现识别、定位、检索、选择和管理文献信息的目的。馆藏文献信息整理，一方面有利于公共图书馆摸清馆藏情况，并基于馆藏文献信息开展读者服务；另一方面，经过合理组织的馆藏文献信息，也有利于用户的获取和利用。

（二）馆藏文献信息整理的标准、规范

文献信息整理的标准化和规范化是充分利用公共图书馆馆藏文献信息、实现文献信息共建共享的重要前提。公共图书馆应当在文献信息到馆后按照国家公布的标准、规范及时开展整理工作，目前，公共图书馆整理馆藏文献信息的标准和规范主要包括国家标准、行业标准、地方标准等，集中在文献信息的分类与编目领域，如分类及主题词表、编目规则、机读目录格式及元数据规范等。例如，我国现行主要的综合性图书分类法为《中国图书馆分类法》（第五版）；现行的主题标引词表为《中国分类主题词表》；现行文献编目规则主要有《普通图书著录规则》（GB/T 3792.2—2006）、《古籍著录规则》（GB/T 3792.7—2008）、《文献著录 第4部分：非书资料》（GB/T 3792.4—2009）、《文献著录 第9部分：电子资源》（GB/T 3792.9—2009）等；现行的机读目录格式标准主要为《中国机读书目格式》（GB/T 33286—2016）；现行元数据著录规范国家标准主要有《信息与文献 书目数据元目录 第5部分：编目和元数据交换用数据元》（GB/T 19688.5—2009）、《信息与文献 都柏林核心元数据元素集》（GB/T 25100—2010）等；与公共图书馆进行文献信息整理相关的国家标准还包括《信息与文献 图书馆和档案馆的图书、期刊、连续出版物及其他纸质文献的装订要求 方法与材料》（GB/T 30108—2013）、《信息资源的内容形式和媒体类型标识》（GB/T 3469—

2013)、《馆藏金属文物保护修复记录规范》(GB/T 30687—2014)、《汉文古籍特藏藏品定级 第1部分：古籍》(GB/T 31076.1—2014)，等等。

开展馆藏文献信息整理工作时，有国家标准的，应优先采用国家标准。

二、建立馆藏文献信息目录

目录，是按照一定的次序编排组织而成的一种揭示和报导文献信息的工具。馆藏文献信息目录是公共图书馆各种书目数据的总称，是揭示图书馆文献信息情况、宣传文献信息内容、指导用户阅读的检索工具，是馆藏文献信息与用户之间的“桥梁”和“中介”。

公共图书馆建立馆藏文献信息目录应当遵守馆藏文献信息整理的有关标准和规范，如《中国图书馆分类法》、《中国分类主题词表》、《西文文献著录条例（修订扩大版)》《中国文献编目规则》（第二版)、《文献著录 第1部分：总则》(GB/T 3792.1—2009)、《中国机读书目格式》(GB/T 33286—2016) 等。公共图书馆建立馆藏文献信息目录应当优先选取文献本身信息作为信息源进行客观著录，并揭示文献信息的题名、责任者、主题、学科分类等信息，促进文献信息的有效利用。

三、馆藏文献信息目录公开

馆藏文献信息目录公开是指公共图书馆通过合法方式，主动将馆藏文献信息目录向社会公众开放。公共图书馆广泛收集并系统整理文献信息、建立馆藏文献信息目录是为了实现文献信息的有效利用，并满足用户的信息需求。为此，公共图书馆应当依法向社会公开馆藏文献信息目录，方便社会公众检索并获取文献信息。

馆藏文献信息目录公开的主要途径是公共图书馆网站。公共图书馆网站是图书馆宣传理念、推广服务的重要窗口，也是用户获取信息和交流的平台。公共图书馆应当通过其网站向社会公开其图书、报刊、音像制品、缩微制品、数字资源等不同类型馆藏文献信息的目录。公共图书馆还可依法通过其他方式向社会公开馆藏文献信息目录，进一步推广馆藏文献信息及文献信息服务，如在馆内提供目录查询和检索终端，通过开发移动终端 App、微信公众号和小程序等方式内嵌目录查询和检索功能等。

公共图书馆馆藏文献信息目录公开应当遵守有关知识产权保护的法律、行政法规规定，如《中华人民共和国著作权法》《信息网络传播权保护条例》《互联网信息服务管理办法》等。本法第十条规定，馆藏文献信息属于文物、档案或者国家秘密的，公共图书馆应当遵守有关文物保护、档案管理或者保守国家秘密的法律、行政法规规定。公共图书馆馆藏文献信息属于国家秘密的，不宜公开馆藏文献信息目录；馆藏文献信息属于文物、档案的，应当遵守《中华人民共和国文物保护法》《中华人民共和国档案法》的有关规定，加以甄别，依法公开馆藏文献信息目录。

第二十八条 公共图书馆应当妥善保存馆藏文献信息，不得随意处置；确需处置的，应当遵守国务院文化主管部门有关处置文献信息的规定。

公共图书馆应当配备防火、防盗等设施，并按照国家有关规定和标准对古籍和其他珍贵、易损文献信息采取专门的保护措施，确保安全。

条文解读

本条是关于公共图书馆文献信息保存及处置的规定。

文献信息是公共图书馆赖以向社会公众提供服务的基本要素，根据本法第二条对公共图书馆的定义，保存文献信息是公共图书馆的基本功能之一。本条主要从三个方面对公共图书馆妥善保存文献信息提出了要求。

一、不得随意处置馆藏文献信息

本条规定公共图书馆首先应妥善保存馆藏文献信息，不得随意处置，确需处置的，应当遵守国务院文化主管部门有关处置文献信息的规定，一方面突出强调了公共图书馆妥善保存馆藏文献信息的法定义务，另一方面也为公共图书馆在确有必要时，科学合理地处置馆藏文献信息提供了法律遵循。

根据本法第十五条规定，一定规模的馆藏文献信息是公共图书馆设立的基本条件之一，对于政府设立的公共图书馆而言，馆藏文献信息一般还属于国有资产，按照《事业单位国有资产管理暂行办法》的规定，事业单位处置国有资产，应当严格履行审批手续，未经批准不得自行处置。与此同时，公共图书馆馆藏空间有限，馆藏文献信息数量逐年增加，同时一些文献信息不可避免会出现折旧、破损以及内容过时等情况，需要进行必要的处置，否则不仅会浪费馆舍空间，还将降低馆藏质量，影响读者对馆藏文献信息的有效利用。

但是，文献信息处置也是一件科学性、政策性很强的工作，如果没有科学的规划、合理的政策指导，随意处置馆藏文献信息，很可能给公共图书馆的管理和服务带来不必要的损失，同时也可能因为处置不当对公共图书馆造成不良的社会影响。本条规定公共图书馆开展文献处置工作的依据是国务院文化主管部门有关处置文献信息的规定，这是公共图书馆法的重要配套制度，按照立法法的要求，法律规定明确要求有关国家机关对专门事项作出配套的具体规定的，有关国家机关应当自法律施行之日起一年内作出规定，国务院文化主管部门应按要求出台文献信息处置的有关规定，明确公共图书馆文献信息处置工作的实施要求。

二、配备防火、防盗等设施

本条第二款规定公共图书馆应当配备防火、防盗等设施，这是公共图书馆妥善保存馆藏文献信息，确保其不受损毁的重要举措。《公共图书馆建设标准》（建标108—2008）、《图书馆建筑设计规范》（JG J38—2015）等标准规范对公共图书馆防火、防盗设施配备要求提出了指导建议，公共图书馆可参照执行。

（一）防火设施

公共图书馆馆藏文献信息大多属于易燃物品，而且公共图书馆同时又是人群密集的公共场合，一旦遭遇火警，可能造成严重的人员伤害。因此，防范火灾对于公共图书馆至关重要。消防法第十六条规定，机关、团体、企业、事业等单位应当按照国家标准、行业标准配置消防设施、器材，设置消防安全标志，并定期组织检验、维修，确保完好有效；对建筑消防设施每年至少进行一次全面检测，确保完好有效，检测记录应当完整准确，存档备查。公共图书馆的建筑防火应遵守国家现行新型设计防火规范和有关技术标准，针对图书馆的特点设计建筑构造、配置火灾自动报警装置、安全疏散出口、火灾应急照明和疏散指示标志灯、消防给水和固定灭火装置，消防电源及其配电等消防设施设备。例如，《公共图书馆建筑防火安全技术标准》（WH0502—96）对各类综合性公共图书馆的新建、改建和扩建工程及其附属设备和专用设备的防火安全技术作出了详细规定；《图书馆建筑设计规范》对图书馆作为公共场所的防火设计提出了强制要求。另外，公共图书馆防火设施配置还应符合《建筑设计防火规范》（GB50016—2014）、《建筑内部装修设计防火规范》（GB50222—2017）等的要求。

（二）防盗设施

公共图书馆为满足读者舒适、便利的借阅需求，往往采用开架阅览方式提供借阅服务，允许读者自由携带自己的书、包等个人物品进出阅览室或书库。这种服务方式在一定程度上增加了公共图书馆文献信息管理的难度。为了在保证服务质量的前提下做好文献信息防盗工作，图书馆应当配备门禁、监控等防盗设施。根据《公共图书馆建设标准》（建标 108—2008）第四十三条，“公共图书馆应设置安全防盗装置。大、中型公共图书馆的主要入口处、储藏珍贵文献资料的书库和阅览室、重要设备室、网络管理中心等均应设置门禁及电视监控系统”。公共图书馆的自助借阅空间或无人值守借阅空间也应当设置门禁及电视监控系统。

三、对古籍和其他珍贵、易损文献信息采取专门的保护措施

古籍和其他珍贵文献信息是公共图书馆保存各类文献信息中的珍贵资源，一旦遭遇损毁，极有可能对国家和地方文化造成不可挽回的损失。其中一些文献信息历史久远，纸质脆弱易损，为妥善保存、确保安全，在配备防火、防盗设施之外，公共图书馆还应当根据国家有关规定及标准要求，配备专门的防水、防潮、防尘、防有害气体、防阳光直射和紫外线照射、防磁、防静电、防虫、防鼠等保护设施。例如，《图书馆古籍书库基本要求》（GB/T 30227—

2013）规定了古籍特藏存储环境的温湿度要求、空气净化要求、光照和防紫外线要求，以及书库的建筑、消防、安防等文献保护和安全相关的基本条件。在此基础上，有条件的公共图书馆也可以采用更加先进的技术方法，加强对古籍和其他珍贵、易损文献信息的保护，图书馆管理者还应当学习与掌握文献鉴定的专业知识，以全面了解馆藏中哪些文献属于珍贵文献，有针对性地利用现代文献信息保护技术，对其进行妥善保管和利用。

第二十九条　公共图书馆应当定期对其设施设备进行检查维护，确保正常运行。

公共图书馆的设施设备场地不得用于与其服务无关的商业经营活动。

条文解读

本条是关于公共图书馆设施设备维护和使用的规定。

一、定期检查维护设施设备

公共文化服务保障法第二十条规定，公共文化设施管理单位应当按照国家规定的标准，配置和更新必需的服务内容和设备，加强公共文化设施的经常性维护工作，保证公共文化设施的正常使用和运转。在此基础上，本条第一款从正常运行的角度，规定公共图书馆应当定期对其设施设备进行检查维护，这是确保公共图书馆正常运行并有效提供服务的重要保障。

公共图书馆的设施设备包括建筑设备和技术设备等。建筑设备包括给水排水、通风空调、强弱电及网络布线等；技术设备包括电子计算机、网络设备和相关外围设备，视听及音像控制设备，文献数字化加工复制设备，图书防盗设备，文献消毒设备，流动图书车，缩微制品摄制、冲洗及阅览设备，视障和老龄阅读设备，装裱及文献修复设备，自助借还设备，书架、阅览桌椅、目录柜、出纳柜台等家具设备，其他设备等。《公共图书馆建设标准》《公共图书馆建设用地指标》《公共图书馆服务规范》《图书馆建筑设计规范》等标准规范对上述设施设备的配置和管理提出了具体的建议与要求，公共图书馆应当参照相关标准的要求，依法制定公共图书馆设施设备的定期检查维护制度，落实定期检查维护人员，确保公共图书馆设施设备的正常运行。

二、公共图书馆的设施设备场地不得用于与其服务无关的商业经营活动

本条第二款是对公共图书馆设施设备场地使用的禁止性条款，规定公共图书馆的设施设备场地不得用于与其服务无关的经营活动。这一规定与公共文化服务保障法相衔接，公共文化服务保障法第十九条第一款规定，任何单位和个人不得擅自拆除公共文化设施，不得擅自改变公共文化设施的功能、用途或者妨碍其正常运行，不得侵占、挪用公共文化设施，不得将公共文化设施用于与公共文化服务无关的商业经营活动。

本款限定了公共图书馆设施设备场地的使用范围，即不得用于与其服务无关的商业经营活动。本法第四章规定公共图书馆服务包括免费向社会公众提供文献信息查询、借阅；阅览室、自习室等公共空间设施场地开放；公益性讲座、阅读推广、培训、展览等。公共图书馆的设施设备场地应当优先用于保障本法规定的公共图书馆服务，同时，为了更好地向公众提供服务，公共图书馆可以利用公共图书馆的设施设备场地适当开展与其服务相关的商业经营活动。

所谓与公共图书馆服务相关，需要着重把握以下两点：一是开展商业经营活动应以有利于图书馆服务活动的开展为目的，不得违反和削弱公共图书馆服务的宗旨和功能。二是开展商业经营活动的项目和范围应当与公共图书馆的服务内容有内在关联，属于公共图书馆服务的延伸与扩展。例如，公共图书馆可以利用其设施设备场地有偿提供文献信息复制服务，或开辟空间场地售卖图书、文具等，以方便读者的阅读和学习；又如，公共图书馆也可以在馆内开设咖啡厅或设置收费停车场，以满足读者在获取图书馆服务过程中的餐饮和停车需求；等等。但是，如果公共图书馆将其公共空间出租用于服装卖场等，就违反和削弱了公共图书馆的宗旨和功能，属于与其服务无关的商业经营活动，应当被禁止。另外，公共图书馆开展与其服务相关的商业经营活动，其收费标准应由物价部门统一核定，公共图书馆应当严格执行有关财务规章，对经营活动收入进行严格管理，不得擅自将经营活动收入用于员工福利。

第三十条　公共图书馆应当加强馆际交流与合作。国家支持公共图书馆开展联合采购、联合编目、联合服务，实现文献信息的共建共享，促进文献信息的有效利用。

条文解读

本条是关于公共图书馆馆际交流与合作的规定。

一、馆际交流与合作

2015 年，中共中央办公厅、国务院办公厅发布的《关于加快构建现代公共文化服务体系的意见》提出，要“以行业联盟等形式，开展馆际合作，推进公共文化机构互联互通”。馆际交流与合作能够弥补单个公共图书馆在馆藏文献信息建设、服务等方面的不足，实现优势互补，有利于建设互联互通的公共图书馆服务网络，提升公共图书馆整体服务效能。本条规定赋予了各级公共图书馆参与馆际交流与合作的法定责任，从法律层面促使公共图书馆重视馆际交流与合作，联合开展文献信息建设和服务，提高文献信息利用率。

近年来，我国公共图书馆馆际交流与合作日益密切，不断探索文献信息和服务整合的有效方式和途径。从交流与合作的范围来看，有同一区域内的公共图书馆开展馆际交流与合作的，如有的省、市建立区域内公共图书馆联盟，以统一的计算机管理系统为基础平台，统筹整合各种资源，实现更大范围内公共图书馆的优势互补和资源共享，减少重复建设与基层的财力支出，为公众提供标准化、均等化的公共图书馆服务。有不同区域的公共图书馆开展馆际交流与合作的，如有相邻省份的公共图书馆通过签订合作协议，建立跨省的公共图书馆联盟，在文献采购、资源共享、信息服务、学术交流等方面展开合作；有经济发达地区的公共图书馆对经济欠发达地区公共图书馆提供文献支持、人员培训、业务指导、体系建设等方面的帮扶活动。此外，部分政府设立的公共图书馆还在文献信息建设、资源共享、人员培训等方面对社会力量设立的公共图书馆给予大力支持，社会力量设立的公共图书馆之间的交流与合作也日益频繁。

二、馆际交流与合作的主要形式

本条规定，公共图书馆馆际交流与合作的形式主要包括联合采购、联合编目和联合服务，联合采购、联合编目、联合服务的目的是要实现文献信息的共建共享，促进文献信息的有效利用。

（一）联合采购

联合采购是指若干图书馆自愿组成联盟或者团体，合作开展文献信息采购工作，规范采购行为，形成规模效应的采购方式。联合采购有利于有效使用文献信息购置费，降低采购成本和风险；规避各馆重复采购的弊端，使文献信息得到合理配置；同时节省了单个图书馆分别与供应商进行谈判的时间、精力和资金，提高了图书馆的议价能力，有利于谋求最优价格和最佳服务。例如近年来兴起一种联合采购数字资源的新形式——集团采购，即联盟内成员馆自愿组成团体，共同推举谈判代表与数据库商就数据库资源的价格与使用条款等事宜进行相关协商与谈判，最终达成购买协议，签订购买合同。我国一些地区正在进行中文文献联合采购的实践探索，也将为我国在更大范围内开展公共图书馆联合采购提供参考。

（二）联合编目

联合编目是指若干图书馆（或其他文献机构）通过联机合作编目，共同建立一个能够储存每一个成员馆馆藏信息的联机联合目录数据库。也可以说，联合编目是指若干个文献信息机构在自愿联合的基础上，利用先进的计算机技术与网络系统，通过一定的协议建立书目信息交换关系，根据统一的编目规则与工作规程分担编目任务，共享编目成果。联合编目避免了重复工作，降低了各馆的编目成本，提高了编目工作效率和质量，实现了书目数据共建共享，同时有利于在此基础上开展馆际合作，实现文献信息的共享。目前，世界上最大的联机书目数据库 Worldcat 已集成全世界范围内超过 10000 家图书馆的书目数据。国内方面，1997 年 10 月，全国图书馆联合编目中心在国家图书馆成立，负责在全国范围内组织和管理图书馆联机联合编目工作，运用现代图书馆的理念和技术手段，将各级各类图书馆丰富的书目数据资源和人力资源整合起来。截至 2018 年 3 月，全国图书馆联合编目中心已有 1 个中心、33 个分中心，2600 余个成员馆，使用编目中心书目数据的单位超过 3200 余家。2000 年 12 月，地方版文献联合采编协作网正式开通，积极、有效地开展地方版文献采购协作和跨地区联合编目工作，将各地方、各类型图书馆及其多种文献以网络方式组织起来，至今已有百余家成员馆，形成了一个有着 200 多万条记录的网上书目库。

（三）联合服务

联合服务是指通过统一网络平台，整合各图书馆的文献信息和服务，为公众提供更为多样、便捷的公共图书馆服务。联合服务有利于充分发挥各馆优势，实现公共图书馆优质服务覆盖更多的公众，促进文献信息的有效利用，并在最大程度上满足公众的文献信息需求，提升公众满意度。公共图书馆联合服务包括馆际通借通还、参考咨询联盟、讲座展览联盟等内容。此外，本法第四十条规定政府设立的公共图书馆应当建立线上线下相结合的文献信息共享平台；第四十八条规定国家支持公共图书馆加强与学校图书馆、科研机构图书馆以及其他类型图书馆的交流与合作，开展联合服务；第三十二条规定公共图书馆与档案馆、博物馆、纪念馆等单位联合开展服务，以上亦均是公共图书馆联合服务的形式和内容。

第三十一条　县级人民政府应当因地制宜建立符合当地特点的以县级公共图书馆为总馆，乡镇（街道）综合文化站、村（社区）图书室等为分馆或者基层服务点的总分馆制，完善数字化、网络化服务体系和配送体系，实现通借通还，促进公共图书馆服务向城乡基层延伸。总馆应当加强对分馆和基层服务点的业务指导。

条文解读

本条是关于建立公共图书馆总分馆制的规定。

2015 年，中共中央办公厅、国务院办公厅印发《关于加快构建现代公共文化服务体系的意见》，提出要“以县级文化馆、图书馆为中心推进总分馆制建设，加强对农家书屋的统筹管理，实现农村、城市社区公共文化服务资源整合和互联互通”。2016 年，原文化部、新闻出版广电总局、体育总局、发展改革委、财政部联合发布《关于推进县级文化馆图书馆总分馆制建设的指导意见》（以下简称《指导意见》），提出“到 2020 年，全国具备条件的地区因地制宜建立起上下联通、服务优质、有效覆盖的县级文化馆、图书馆总分馆制，广大基层群众享受的基本公共文化服务内容更加丰富，途径更加便捷，质量显著提升，均等化水平稳步提高”。在党和政府的推动下，我国公共图书馆总分馆制建设取得了显著成就，本条规定既是对现有经验和成果的总结，也为公共图书馆总分馆制的进一步发展提供了法律保障。

一、公共图书馆总分馆制建设主体

本条规定公共图书馆总分馆制的建设主体为县级人民政府，明确了总分馆制合适的地域范围以及县级人民政府在公共图书馆总分馆制建设方面的主体责任。根据《指导意见》的要求，要发挥县级人民政府在总分馆制建设规划、组织和推进方面的统筹作用。除了县级人民政府，公共图书馆总分馆制的建设还需要其他相关主体的参与，《指导意见》提出，“各级文化行政部门要加强与有关部门的统筹协调，推动工作开展，形成工作合力。各有关部门要积极配合，加强基层文化资源的共建共享。省级和设区的市级文化馆、图书馆要大力支持县级文化馆、图书馆总分馆制建设，加强业务指导”。

二、公共图书馆总分馆制建设原则

本条规定明确了公共图书馆总分馆制建设的基本原则，即“因地制宜”和“符合当地特点”。近年来，各地结合实际，在推动公共图书馆总分馆制建设方面作出积极探索，积累了许多行之有效的经验，形成了包括“中心馆—总分馆”“一个总馆＋多个分馆＋若干服务点”等多种总分馆模式。我国幅员辽阔地区之间差异较大，各地县域统筹公共图书馆网络建设面临各种复杂情况，不能搞“一刀切”。因而，应在深入调查研究、具体掌握本地区特点的基础上，形成方案、积极稳步推进。要坚持因地制宜、试点先行，根据东中西地区实际，稳步推进、分类指导，及时总结建设经验，发挥典型示范作用，探索具有不同区域特点的总分馆制。

三、公共图书馆总分馆制主要建设内容

根据本条规定，公共图书馆总分馆制的主要建设内容为“以县级公共图书馆为总馆，乡镇（街道）综合文化站、村（社区）图书室等为分馆或者基层服务点的总分馆制，完善数字化、网络化服务体系和配送体系”。首先，总分馆制的基本结构为县级公共图书馆为总馆，乡镇（街道）综合文化站、村（社区）图书室等为分馆或者基层服务点。本法第十四条规定，县级以上人民政府应当设立公共图书馆。因此总分馆制应当以县级公共图书馆为中心进行建设，将符合条件的乡镇（街道）综合文化站、村（社区）图书室纳入总分馆体系，作为分馆，暂时未能达到分馆建设标准的基层公共文化设施可以设立基层服务点。根据《指导意见》的要求，还应推动农家书屋与县级图书馆资源整合和互联互通，使符合条件的农家书屋成为图书馆分馆。公共图书馆总分馆制建设还应当积极引导社会力量参与。可以鼓励具备条件的学校、科研机构、企业等的图书馆（室）、职工书屋等根据自身职能特点，在自愿原则下成为分馆。还可以鼓励符合条件、具有资质的上网服务场所等成为基层服务点。

此外，本条还规定应当完善数字化、网络化服务体系和配送体系，实现通借通还。公共图书馆总分馆制建设应充分发挥互联网等现代信息技术优势，利用数字图书馆推广工程服务平台和资源，打造互联互通的县域公共图书馆数字服务网络。充分利用流动图书车等设施和手段，广泛开展流动服务，扩大公共图书馆服务的有效覆盖。要通过县级图书馆总分馆制，整合县域内的公共阅读资源，实行总馆主导下的文献资源统一采购、统一编目、统一配送、通借通还和人员的统一培训。

四、公共图书馆总分馆制建设目标

本条规定，公共图书馆总分馆制建设的目标是促进公共图书馆服务向城乡基层延伸。本法第十三条规定，国家建立覆盖城乡、便捷实用的公共图书馆服务网络。总分馆制建设是公共图书馆服务网络建设的重要实现形式，总分馆制建设应当强化基层，促进均等。以乡村两级为重点，以需求为导向，促进公共图书馆资源向基层特别是农村倾斜，保障城乡群众普遍均等地享有基本公共文化服务。

五、总馆职责

本条还规定了总分馆制中总馆的职责，明确总馆应当加强对分馆和基层服务点的业务指导。总馆加强对分馆和基层服务点的业务指导，是为了提升分馆和基层服务点的服务能力和服务水平，把优质公共图书馆服务延伸到城乡基层，保障公共图书馆服务的均衡化。总馆对分馆和基层服务点的业务指导形式包括制定业务工作的标准和规则、对分馆和基层服务点工作人员进行培训、指导分馆和基层服务点的业务活动和读者服务工作等。

第三十二条　公共图书馆馆藏文献信息属于档案、文物的，公共图书馆可以与档案馆、博物馆、纪念馆等单位相互交换重复件、复制件或者目录，联合举办展览，共同编辑出版有关史料或者进行史料研究。

条文解读

本条是关于公共图书馆馆藏档案、文物利用的规定。

根据档案法的规定，档案是指过去和现在的国家机构、社会组织以及个人从事政治、军事、经济、科学、技术、文化、宗教等活动直接形成的对国家和社会有保存价值的各种文字、图标、声像等不同形式的历史记录。根据文物保护法的规定，受国家保护的文物包括历史上各时代重要的文献资料以及具有历史、艺术、科学价值的手稿和图书资料等。

档案馆指中央和县级以上地方各级各类档案馆，是集中管理档案的文化事业机构，负责接收、收集、整理、保管和提供利用各分管范围内的档案。博物馆是指以教育、研究和欣赏为目的，收藏、保护并向公众展示人类活动和自然环境的见证物，经登记管理机关依法登记的非营利组织。纪念馆指各类革命纪念馆，是为纪念近现代革命史上重大事件或杰出人物并依托于有关的革命遗址、纪念建筑而建立的纪念性博物馆。档案馆、博物馆、纪念馆等都可以是文物收藏单位。

一、公共图书馆与档案馆、博物馆、纪念馆等单位就馆藏档案、文物开展合作的意义

公共图书馆的馆藏文献信息，如历史文献、手稿、名人字画等，可能同时属于档案或者文物，具有重大的历史、艺术、科学等价值。保护和利用档案、文物是档案馆、博物馆、纪念馆和公共图书馆共同负有的责任。除档案馆、博物馆、纪念馆以外，公共图书馆还可以与美术馆、艺术馆、考古研究所（院）、文物保护管理所、文博交流馆、陈列馆、展示馆、展览馆等国有单位，以及收藏馆、记忆馆、藏砚馆、书院等非国有单位就馆藏档案、文物开展合作。

本条规定与档案法、文物保护法等相关法律、法规相衔接。例如，《中华人民共和国档案法实施办法》第十四条规定，既是文物、图书资料又是档案的，档案馆可以与博物馆、图书馆、纪念馆等单位互相交换重复件、复制件或者目录，联合举办展览，共同编撰出版有关史料或者进行史料研究。文物保护法第四十条规定，文物收藏单位应当充分发挥馆藏文物的作用，通过举办展览、科学研究等活动，加强对中华民族优秀的历史文化和革命传统的宣传教育。

二、公共图书馆与档案馆、博物馆、纪念馆等单位合作的形式

本条规定了公共图书馆与档案馆、博物馆、纪念馆等单位合作的主要形式，包括：互相交换重复件、复制件或者目录，联合举办展览，共同编辑出版有关史料或者进行史料研究。

（一）互相交换重复件、复制件或者目录

档案正本中主要材料的复制件（或重复件）构成档案的副本，是再现正本（原件）内容和形式特征的复本（复件）。复制件是指与原件内容相同的复制品。目录是按照一定的次序编排组织而成的一种揭示和报导文献信息的工具。档案目录是指由揭示档案特征的条目汇集而成并按照一定次序编排的档案检索工具。文物目录是揭示和报导文物信息的工具，一般包含名称、年代、收藏单位等信息。公共图书馆与档案馆、博物馆、纪念馆等单位交换馆藏档案、文物的重复件、复制件或者目录，有利于各公共文化服务机构之间互通有无，加强公共文化服务机构之间的协调合作，推进档案、文物的数据交换及对接工作，更好地开展

馆藏档案、文物的研究与利用，满足用户的信息需求。

档案、文物重复件、复制件或者目录的交换应当按照《中华人民共和国档案法》《中华人民共和国档案法实施办法》《中华人民共和国文物保护法》《文物复制拓印管理办法》《中华人民共和国文物保护法实施条例》《博物馆条例》等相关规定执行。

（二）联合举办展览

联合举办展览是一种合作展览服务，是公共图书馆同档案馆、博物馆、纪念馆等单位进行合作为公众提供展览服务的一种形式。公共图书馆与档案馆、博物馆、纪念馆等联合举办展览，有利于不同的档案、文物收藏单位发挥各自的馆藏优势，整合优质馆藏资源，为社会公众提供更为丰富的展览服务；有利于拓宽优秀传统文化的传播途径，拉近与社会公众的距离，从而进一步增进社会公众对中华文化的认同感，增强中华民族共有精神家园的文化凝聚力。

公共图书馆与档案馆、博物馆、纪念馆等单位可以就一定的主题，通过线上展览、实体展览、巡回展览等方式，联合展示陈列档案、文物的原件或复制件及其研究成果。公共图书馆与档案馆、博物馆、纪念馆等联合举办展览，应当遵守相关法律法规。如联合举办展览中若涉及借用文物的，应当按照文物保护法第四十条关于借用馆藏文物的规定执行；再如，对于馆藏档案的展览应当符合档案法及档案法实施办法中关于档案公开的规定，等等。

（三）共同编辑出版有关史料

史料是指人类社会历史发展过程中人类思想、行事所留下的痕迹，是研究和编撰历史所用的资料。公共图书馆与档案馆、博物馆、纪念馆等单位共同编辑出版有关史料，可以使史料研究工作建立在更充分、更具体的史料基础之上，在史实考证上发挥重要作用。同时可以促进馆藏档案文物的研究与利用，充分挖掘馆藏档案文物资源的现实和历史价值。

共同编辑出版有关史料的方式包括：重印或新编历史资料汇编；整理影印期刊、报纸；出版历史资料丛刊；整理编辑以专题档案资料为主要内容的档案史料汇编；整理出版历史人物文集、选集；整理出版有价值的回忆录，包括综合性的丛刊、地区性的回忆录、研究性的回忆录；等等。

（四）共同进行史料研究

史料研究具有推理、推论、考证、实证馆藏档案和文物的作用，在实际工作中可使档案、文物藏品的鉴定工作相互补充、互为印证，共同反映历史事实，也以其丰富了历史内涵。公共图书馆与档案馆、博物馆、纪念馆等单位共同进行史料研究，可以促进馆藏档案、文物藏品的管理、鉴定、征集，可以通过解密档案验证文物史料研究的真伪，丰富档案、文物藏品的内涵价值，也可以充分发挥公共图书馆、档案馆、博物馆、纪念馆等单位在档案文物资源、学术研究、人才队伍、形象品牌等方面的优势，通过加强合作，建立优势互补、互利共赢的合作机制，促进档案文物的合理利用和中华文明的传播弘扬。

公共图书馆与档案馆、博物馆、纪念馆等单位共同进行史料研究的方式包括：利用馆藏档案、文物互为旁证，共同反映历史事实；分析档案史料的各种表现形式与内在联系，加以综合利用；加强文物价值专题研究；合作开展文献史料研究项目、课题，共同举办学术研讨会；等等。共同进行史料研究的成果包括：在连续性公开出版物上合作发表论文；编辑出版档案史料、文物汇编（包括史料目录、各项图集、典章制度词典、档案译编、档案选编、专题汇编、史料丛编等）；出版研究著述（包括学术著作、论述文集等）；等等。

第四章　服　　务

本章是关于公共图书馆服务的规定。

本章共十六条，明确了公共图书馆服务的要求和内容，并专门规定了政府设立的公共图书馆应当开展特殊群体服务、立法决策服务、流动服务与自助服务、数字服务，以及古籍保护与利用等工作；规定了公共图书馆与读者之间的关系，包括公共图书馆应当建立读者意见反馈机制接受监督，读者应当遵守相关规定爱护公共图书馆，公共图书馆应当保护读者信息等；规定了国家对公共图书馆服务的支持和鼓励，包括推动数字服务，通过政府购买服务、扶持社会力量设立公共图书馆，鼓励公民参与公共图书馆志愿服务，制定服务规范，考核公共图书馆服务质量和水平，支持公共图书馆与其他类型图书馆开展联合服务等。

第三十三条　公共图书馆应当按照平等、开放、共享的要求向社会公众提供服务。

公共图书馆应当免费向社会公众提供下列服务：

（一）文献信息查询、借阅；

（二）阅览室、自习室等公共空间设施场地开放；

（三）公益性讲座、阅读推广、培训、展览；

（四）国家规定的其他免费服务项目。

条文解读

本条是关于公共图书馆向社会公众提供服务的要求和内容的规定。

本条规定需要把握以下两个方面：一是对公共图书馆的服务要求；二是公共图书馆免费服务的主要内容。

一、公共图书馆向社会公众提供服务的基本要求

公共图书馆向社会公众提供服务时应当遵循平等、开放、共享的要求。

平等。平等是指一个国家或地区的公共图书馆服务体系能够充分保障居住于其中的所有人都能从公共图书馆获得所需的知识信息、文化资源以及各类图书馆服务。国际图书馆协会联合会《公共图书馆宣言》指出，每一个人都有平等享受公共图书馆服务的权利，而不受年龄、种族、性别、宗教信仰、国籍、语言或社会地位的限制。

开放。开放包括以下两个方面：一是指公共图书馆建筑空间及设施场地的开放。公共图书馆的馆舍、服务空间、硬件设施等应当面向所有社会公众开放，开放时间要适应公众的实际需求。二是指与公共图书馆功能相适应的基本公共服务项目的开放。公共图书馆应扩大馆藏资源的开放范围，提供开架式阅览服务，并借助网络化服务方式，减少公众使用图书馆时所受的时空限制。

共享。信息资源共享的目标是最大限度地满足公众的信息资源需求，维护信息公平、保障社会公众的信息权利、消除社会的信息鸿沟可以通过公共图书馆得到实现。公共图书馆应采取各种措施和手段，尽可能使任何人在任何时间、任何地点，获取图书馆的服务。

二、公共图书馆免费向社会公众提供服务的主要内容

本条规定公共图书馆应当向社会公众免费提供文献信息查询和借阅，免费开放阅览室、自习室等公共空间设施场地，免费开展公益性讲座、阅读推广、培训、展览及提供国家规定的其他免费服务项目。

（一）文献信息查询、借阅

公共图书馆配备图书报刊、音像制品、缩微制品、数字资源等各类文献信息，并免费向社会公众提供查询、阅览和外借服务。这是人民群众获取信息、增长知识、提升素养的重要渠道，也是各级政府保障人民群众基本文化权益、满足人民群众基本文化需求的主要方式之一。公共图书馆应当为满足各类社会群体的基本阅读需求，提供品种齐全、内容丰富、健康向上、方便快捷的各类免费文献信息查询、阅览和外借服务。

（二）阅览室、自习室等公共空间设施场地开放

根据原文化部、财政部《关于推进全国美术馆公共图书馆文化馆（站）免费开放工作的意见》，公共图书馆免费开放的公共空间设施场地包括专门供读者阅览各类文献信息的一般阅览室、少年儿童阅览室、多媒体阅览室（电子阅览室）等，开展各类读者活动的报告厅、培训室、综合活动室，以及供读者开展自学的自习室等。公共空间设施场地向社会公众免费开放，是由公共文化设施的公益性质所决定的。公共图书馆的设施场地建设出于公益目的，由公共图书馆管理，其运行维护由公共财政保障，应当免费开放。

（三）公益性讲座、阅读推广、培训、展览

公共图书馆向广大社会公众提供免费的公益性讲座、培训、展览服务。这些服务还包括各类文化、学术、名人论坛和交流报告会，专业知识、个人技能课程和学习辅导，以及图书馆各类具有一定价值的馆藏展示活动等。根据原文化部、财政部《关于推进全国美术馆公共图书馆文化馆（站）免费开放工作的意见》，公共图书馆应健全并免费提供公益性讲座和展览、基层辅导等基本文化服务项目。

公共图书馆是开展阅读推广活动的重要阵地，是全民阅读的重要基础设施，应充分发挥其在阅读推广中的重要作用。公共图书馆向社会公众提供免费的阅读推广服务，旨在吸引公众阅读兴趣，培育公众阅读习惯，提升公众阅

读水平，形成好读书、读好书、读书好的全民阅读风尚。本法第三十六条对公共图书馆开展全民阅读活动的主要内容和方式作出了规定，包括阅读指导、读书交流、演讲诵读、图书互换共享等。

（四）国家规定的其他免费服务项目

为保障基本职能的实现，公共图书馆除了免费开放一般阅览室、少年儿童阅览室、多媒体阅览室（电子阅览室）、报告厅、培训室、综合活动室、自习室等公共空间设施场地，以及免费提供文献资源借阅、检索与咨询、公益性讲座和展览、基层辅导、流动服务等基本文化服务项目以外，根据原文化部、财政部《关于推进全国美术馆公共图书馆文化馆（站）免费开放工作的意见》，还应向社会公众提供免费办证、免费验证、免费上网、免费存包等辅助性服务项目。

第三十四条 政府设立的公共图书馆应当设置少年儿童阅览区域，根据少年儿童的特点配备相应的专业人员，开展面向少年儿童的阅读指导和社会教育活动，并为学校开展有关课外活动提供支持。有条件的地区可以单独设立少年儿童图书馆。

政府设立的公共图书馆应当考虑老年人、残疾人等群体的特点，积极创造条件，提供适合其需要的文献信息、无障碍设施设备和服务等。

条文解读

本条是关于政府设立的公共图书馆面向少年儿童、老年人、残疾人等特殊群体提供针对性服务的规定。

一、面向少年儿童的服务

（一）少年儿童阅览区域

公共图书馆为少年儿童开辟专门的阅览区域，并根据其特点和成长规律提供多种形式的信息服务。《公共图书馆建设标准》（建标108—2008）第二十二条规定，合并建设的公共图书馆，专门用于少年儿童的藏书与借阅区面积之和应控制在藏书和借阅区总面积的10%～20%。少年儿童阅览区域的藏书内容应适合少年儿童的特点，丰富多彩，浅显易懂，图文并茂，具有趣味性、知识性和科学性，充分满足课外知识拓展的需求；阅览室硬件设施（如书架、灯光、电脑、桌椅）应贴合少年儿童身高比例要求；空间布局应充分考虑不同年龄段的需求，通过书架、软装潢等隔出独立阅读、亲子阅读等不同的阅览区域；环境设计上可将少年儿童耳熟能详的卡通形象、玩具与书架、图书资料等有机结合，营造既安静又不失儿童活泼天性的阅读气氛。

（二）根据少年儿童的特点配备相应的专业人员

公共图书馆少年儿童服务的开展，除政府保障投入外，更重要的是工作人员的素质和专业水平，可以说，工作人员的培养和配备对事业发展起着重要的作用。少年儿童阅览区域的工作人员除了具有热爱少儿图书馆事业、甘于奉献的精神，熟悉图书馆业务、不断更新知识和业务能力外，还须具备有关少年儿童的教育学、心理学等知识。工作人员应性格开朗，善于沟通，具有较强的团队合作能力；可择优从幼儿师范、儿童心理学、教育学等专业的高校毕业生中招聘遴选，并对其进行必要的图书馆专业知识培训。

（三）开展面向少年儿童的阅读指导和社会教育活动

针对少年儿童的年龄及心理特点，公共图书馆应充分发挥资源与服务优势，培养少儿阅读兴趣，提高少儿阅读能力，开展的活动应当生动活泼，简便易行，除书刊借阅、图书推介外，还可以开展形式多样的阅读指导和社会教育活动，包括故事会、图片展览、智力游戏、读书讨论会、表演、阅读推荐、课外辅导等。

（四）为学校开展有关课外活动提供支持

学生获取知识信息的来源不仅限于课堂教育。《中华人民共和国未成年人保护法》（2012 年修订）第二十条规定，爱国主义教育基地、图书馆、青少年宫、儿童活动中心应当对未成年人免费开放。教育部、原文化部、原国家新闻出版广电总局《关于加强新时期中小学图书馆建设与应用工作的意见》规定，中小学图书馆与本地公共图书馆特别是少年儿童图书馆、高等学校图书馆要积极开展合作，推进资源共享，探索实现通借通还。公共图书馆作为开展全民阅读和爱国主义教育的重要场所，对于加强少年儿童思想道德建设，激发阅读兴趣、培养阅读习惯、提高阅读能力发挥着重要的作用，可以积极与中小学校及中小学图书馆开展合作，为学校师生参观图书馆、开展读书活动、信息素养培训等提供场地、人员及智力支持，打造少年儿童良好的课外活动场所。

（五）有条件的地区可以单独设立少年儿童图书馆

各省、自治区、直辖市可根据实际情况因地制宜设立独立建制的少年儿童图书馆，更好地发挥示范作用，尤其是在经济较发达、人口较集中、全民阅读及群众文化活动开展较广泛的地区。独立建制的少年儿童图书馆应与所在地区其他公共图书馆广泛开展合作，并根据本法第三十一条规定，积极纳入区域总分馆体系，更好地开展少年儿童服务。

二、面向老年人、残疾人的服务

（一）提供适合阅读的文献信息

保障充足的阅读资源。例如，根据老年人特点，收藏适合老年人阅读的用更大号字体印刷的读物；根据残疾人需求，建设盲文馆藏，采集盲文图书、有声读物，开发视听读物等。

（二）提供适合需要的无障碍设施设备和服务

对于老年人，公共图书馆可提供专门的公共活动空间，设置老年阅览室，开办针对老年人的展览或读书会，举办健康养生类讲座，举办计算机技能培训，电话借书等。对于残疾人，要注重设施设备无障碍，如图书馆的建筑设置、辅助用具等可以让残疾人无障碍利用，并大力推广信息无障碍处理技术，方便视力残疾的读者利用互联网和数字技术获取知识和信息，或开展送书上门服务等方便读者使用。

三、面向其他特殊群体的服务

公共图书馆为特殊群体提供服务是保障文化公平的重要手段。1994 年发布的《公共图书馆宣言》明确指出，“对因故不能享用常规服务和资料的用户，例如少数民族用户、残疾用户、医院病人或监狱囚犯，必须向其提供特殊服务和资料”。按照国际图书馆协会联合会（IFLA）和联合国教科文组织（UNESCO）的界定，图书馆的特殊群体主要是指由于居住条件限制或者由于身体、精神或者认知方面的缺陷而不能获得图书馆服务的群体，包括但不限于患者、监狱服刑人员、聋哑人、无家可归者、肢体残疾者、读写困难者等。除少年儿童、老年人、残疾人等群体以外，公共图书馆还应当面向上述其他各类特殊群体提供有针对性的资源、设备与服务。

第三十五条　政府设立的公共图书馆应当根据自身条件，为国家机关制定法律、法规、政策和开展有关问题研究，提供文献信息和相关咨询服务。

条文解读

本条是关于政府设立的公共图书馆为国家机关提供文献信息和相关咨询服务的规定。

一、服务的对象

国家机关是指行使国家权力、管理国家事务的机关。包括国家权力机关（全国人民代表大会及其常务委员会、地方各级人民代表大会及其常务委员会和各专门委员会及其办事机构）、国家行政机关（国务院及其所属各部、委，各直属机构和办事机构；派驻国外的大使馆、代办处、领事馆和其他办事机构；地方各级人民政府及其所属的各工作部门；地方各级人民政府及其工作部门的派出机构）、国家监察机关（国家监察委员会和地方各级监察委员会）、国家审判机关（最高人民法院，地方各级人民法院，专门人民法院和派出的人民法庭）、国家检察机关（最高人民检察院，地方各级人民检察院，专门人民检察院和派出机关）以及国家军事机关（管理国家军事事务）等。中国人民政治协商会议是我国社会主义民主重要的制度性安排，因此公共图书馆也应该为其提供相关的服务。

二、提供服务的主体及其条件

本条规定为国家机关提供文献信息和相关咨询服务的主体是“政府设立的公共图书馆”，公民、法人和其他组织设立的公共图书馆无须履行该项义务。本条同时强调，公共图书馆为国家机关提供文献信息和相关咨询服务，“应当根据自身条件”，体现了因地制宜的要求。国家机关在制定法律、法规、政策和开展有关问题研究的过程中，对相关领域的专业信息和资源的深度、广度及专业度，均有较高要求，而不同地区、不同层级、不同类别的公共图书馆，其功能定位、发展水平和专业能力各有不同，应当根据其文献资源、专业人员、信息技术，以及软硬件设施方面的现实条件，在提供服务的内容、方式等方面做出合理安排，以最大可能地发挥自身优势，为国家机关制定法律、法规、政策和开展有关问题研究提供支持和服务。

三、服务的目的及其主要内容

本条规定公共图书馆为国家机关提供服务的目的是为国家机关制定法律、法规、政策和开展有关问题研究提供支持，服务的主要内容包括提供文献信息和相关咨询服务。

公共图书馆为国家机关提供文献信息与咨询服务，应当以国家机关制定法律、法规、政策和开展有关问题研究的信息需求为导向。这类需求贯穿于国家机关制定法律、法规、政策的整个过程，同时涵盖国家机关治国理政的各个领域，与国家在各个历史发展时期的政治、经济、文化等领域的中心任务以及面临的热点、重点、难点问题密切契合。因此，公共图书馆在为其提供文献信息和相关咨询服务时，就需要充分考虑有关法律、法规、政策制定的时代背景、历史依据，以及国内外实践所积累的经验、存在的问题，包括社会各方面的意见、诉求等，准确把握服务对象的需求特点，以制定科学合理的服务策略、采取有效的服务方式和服务手段，提供有针对性的服务内容。

公共图书馆为国家机关提供文献信息和相关咨询服务的主要内容包括：定题检索、专题咨询、信息专报、文献综述、委托课题、讲座展览、科研项目、业务培训及战略情报分析等。为地方“两会”提供文献信息服务是公共图书馆为国家机关服务的重要组成部分，具体服务内容还涉及借书证办理、书刊借还、新书推荐、文献复制、文献查询、专题文献汇编等。公共图书馆可以针对国家机关对文献信息的需求特点，开发面向特定机关用户群组的内参产品，实现服务的专业化和个性化。有条件的公共图书馆还可以设立专门为国家机关提供信息和咨询服务的部门，或者开发专为国家机关提供服务的数字化信息服务平台，利用现代化信息手段开展服务，提高服务效率。

第三十六条　公共图书馆应当通过开展阅读指导、读书交流、演讲诵读、图书互换共享等活动，推广全民阅读。

条文解读

本条是关于公共图书馆推广全民阅读的具体规定，是对本法第三条第一款关于“公共图书馆应当将推动、引导、服务全民阅读作为重要任务”的规定的具体落实。

一、公共图书馆应当推广全民阅读

公共图书馆从诞生的那天起，就担负着培养公众阅读习惯、提升公众阅读能力、为公众阅读提供文献保障的使命。在我国，除日常阅读服务外，每年4月23日“世界读书日”（也称“世界图书与版权日”）、5月最后一周“图书馆服务宣传周”、12月“全民读书月”及地方性读书节、读书月期间，各级公共图书馆都会依托馆藏文献信息优势，有针对性地集中组织阅读推荐、图书评奖、读书会、朗诵会、读者沙龙、讲座、展览、图书捐换等活动，并联合社会各界共同开展大规模主题阅读活动，形成了一批阅读推广服务品牌，得到社会各界的广泛关注与赞誉。

公共图书馆推广全民阅读的目标是提升图书馆服务水平，使不爱阅读的人爱上阅读、不会阅读的人学会阅读、阅读有困难的人跨越阅读障碍。推广全民阅读的目标人群包括普通人群和特殊人群，其中特殊人群是阅读推广的重点对象，公共图书馆面向少年儿童、老年人、残疾人、流动务工人员等特殊人群提供有针对性的阅读服务，加强适用资源建设和设施配备，并且开展新技术应用培训、阅读辅导、送书上门、网络服务等，帮助未成年人培养阅读习惯，提高阅读能力，帮助老年人、残疾人克服阅读障碍，为流动人员提供阅读方便，以体现公共图书馆对所有人公平服务的理念。

二、公共图书馆推广全民阅读的主要形式

（一）阅读指导

阅读指导，即公共图书馆依托丰富的馆藏资源和专业的图书馆员，针对读者的需求，积极为读者阅读提供指导和帮助，最大限度地吸引公众利用图书馆。

阅读指导主要分为直接指导和间接指导两种方式。直接指导是客观评估读者的阅读偏好、阅读水平、主题倾向等，根据读者的需求和喜好提供个性化阅读指导。间接指导是通过编制推荐书目、编制新书介绍、开办图书展览、开展阅读方法讲座或阅读欣赏课程等方式，向读者推荐优质阅读资源，激发读者阅读兴趣。同时，可以建立针对不同读者群体的优秀读物推荐机制，尤其重视对阅读兴趣正在形成阶段的少年儿童提供阅读辅导服务，培养其阅读兴趣和阅读习惯。

（二）读书交流

读书交流，即公共图书馆通过举办讲座、沙龙、培训、新书发布、读者见面会等方式交流读书心得，共享读书乐趣，提高读者对书籍的理解能力、阅读的积极性和语言表达能力，为读者拥有更好的阅读体验提供帮助。同时，鼓励社会公众依托公共图书馆，兴办读书社、阅读兴趣小组等，开展阅读活动，进行读书交流。

（三）演讲诵读

演讲诵读有多种形式，公共图书馆可以通过举办演讲

比赛、主题知识竞赛等方式，引导社会公众关注阅读、了解阅读、学习阅读，提高读者的阅读兴趣，培养他们利用公共图书馆的能力；也可以通过图书馆员诵读书籍故事、组织读者经典诵读或诗歌朗诵等方式积极倡导经典阅读，用声音、语调和动作生动地展示书籍内容，吸引读者爱上阅读。

（四）图书互换共享

图书互换共享，即公共图书馆组织开展图书交换、图书漂流、晒书会等活动，提供一个读者闲置图书的互换平台，读者通过交换图书交流阅读经验和知识，共享阅读乐趣，同时促进阅读资源的交换和共享，发挥闲置图书的最大价值。

除了上述活动方式之外，开展阅读推广活动，公共图书馆还可以依托世界读书日、图书馆服务宣传周、全民读书月以及中华传统节日、重要节假日和重大节庆活动，主动围绕重大历史事件、社会热点话题和地方经济文化特色，精心设计阅读活动主题，设立专题阅读日、阅读月、阅读季等，充分利用信息网络和社交媒体，创新阅读服务品牌，增强社会公众参与阅读的积极性和主动性。

第三十七条　公共图书馆向社会公众提供文献信息，应当遵守有关法律、行政法规的规定，不得向未成年人提供内容不适宜的文献信息。

公共图书馆不得从事或者允许其他组织、个人在馆内从事危害国家安全、损害社会公共利益和其他违反法律法规的活动。

条文解读

本条是关于禁止公共图书馆从事违法活动的规定。

本法第一条开宗明义规定了立法的宗旨，是为了促进公共图书馆事业发展，发挥公共图书馆功能，保障公民基本文化权益，提高公民科学文化素质和社会文明程度，传承人类文明，坚定文化自信。第三条规定公共图书馆应当坚持社会主义先进文化前进方向，坚持以人民为中心，坚持以社会主义核心价值观为引领，传承发展中华优秀传统文化，继承革命文化，发展社会主义先进文化。因此，公共图书馆必须遵守国家有关法律、行政法规的规定，向社会公众提供文献信息，不得从事或者允许其他组织、个人在馆内从事违法活动。

一、向社会公众提供文献信息的注意事项

（一）向社会公众提供文献信息应当遵守相关法律法规

公共图书馆向社会公众提供文献信息时，一方面，应当遵守出版管理方面的法律法规。例如，《出版管理条例》第二十五条规定："任何出版物不得含有下列内容：（一）反对宪法确定的基本原则的；（二）危害国家统一、主权和领土完整的；（三）泄露国家秘密、危害国家安全或者损害国

家荣誉和利益的；（四）煽动民族仇恨、民族歧视，破坏民族团结，或者侵害民族风俗、习惯的；（五）宣扬邪教、迷信的；（六）扰乱社会秩序，破坏社会稳定的；（七）宣扬淫秽、赌博、暴力或者教唆犯罪的；（八）侮辱或者诽谤他人，侵害他人合法权益的；（九）危害社会公德或者民族优秀文化传统的；（十）有法律、行政法规和国家规定禁止的其他内容的。”公共图书馆不得向社会公众提供含有上述规定的文献信息。

另一方面，应当遵守知识产权保护方面的法律法规。例如，著作权法第四十八条规定，未经著作权人许可，复制、发行、表演、放映、广播、汇编、通过信息网络向公众传播其作品的；未经录音录像制作者许可，复制、发行、通过信息网络向公众传播其制作的录音录像制品的，要承担相应的法律责任。《信息网络传播权保护条例》第十八条规定，通过信息网络擅自向公众提供他人的作品、表演、录音录像制品的，要承担相应的法律责任。

此外，公共图书馆馆藏文献信息属于文物、档案或者国家秘密的，在向社会公众提供时，还应当遵守有关文物保护、档案管理或者保守国家秘密的法律、行政法规规定。

（二）不得向未成年人提供内容不适宜未成年人的文献信息

公共图书馆作为公益性事业单位，应当坚持把社会效益放在首位，承担维护未成年人身心健康的责任，不得向未成年人提供内容不适宜的文献信息，包括淫秽、暴力、凶杀、恐怖、赌博等毒害未成年人的，含有诱发未成年人模仿违反社会公德的行为和违法犯罪的行为内容，含有恐怖、残酷等妨害未成年人身心健康内容的图书、报刊、音像制品、电子出版物以及网络信息等，保护其免受不良信息的侵害。

《中华人民共和国未成年人保护法》第六条第一款规定：“保护未成年人，是国家机关、武装力量、政党、社会团体、企业事业组织、城乡基层群众性自治组织、未成年人的监护人和其他成年公民的共同责任。”第三十四条规定：“禁止任何组织、个人制作或者向未成年人出售、出租或者以其他方式传播淫秽、暴力、凶杀、恐怖、赌博等毒害未成年人的图书、报刊、音像制品、电子出版物以及网络信息等。”《出版管理条例》第二十六条规定：“以未成年人为对象的出版物不得含有诱发未成年人模仿违反社会公德的行为和违法犯罪的行为的内容，不得含有恐怖、残酷等妨害未成年人身心健康的内容。”所以，公共图书馆有责任保护未成年人的身心健康，为其提供安全、绿色、健康的文化服务。

本法第五十条规定，公共图书馆及其工作人员向社会公众提供文献信息违反有关法律、行政法规的规定，或者向未成年人提供内容不适宜的文献信息，应由文化主管部门责令改正，并没收违法所得。构成违反治安管理行为或者构成犯罪的，还应根据本法第五十四条规定，依法给予治安管理处罚或追究刑事责任。

二、不得从事或允许其他组织、个人在馆内从事危害国家安全、损害社会公共利益和其他违法活动

公共文化服务保障法第四十四条规定，任何组织和个人不得利用公共文化设施、文化产品、文化活动以及其他相关服务，从事危害国家安全、损害社会公共利益和其他违反法律法规的活动。因此，包括公共图书馆自身在内的任何组织和个人均不得利用公共图书馆的设施、产品、活动以及其他相关服务，从事有违法律法规、有违社会主义核心价值观、危害国家安全的各种活动。

（一）不得从事或允许其他组织、个人在馆内从事危害国家安全的活动

宪法第一条规定，社会主义制度是中华人民共和国的根本制度。中国共产党领导是中国特色社会主义最本质的特征。禁止任何组织或者个人破坏社会主义制度。坚持培育和践行社会主义核心价值观，提高全国各族人民群众的文化认同、政治认同、国家认同和民族认同是中国特色社会主义文化建设的基本要求。与公共图书馆服务相关的一切设施、产品、服务和活动，必须服从于党和国家发展的大局，必须有利于维护国家和民族的文化安全。

（二）不得从事或允许其他组织、个人在馆内从事损害社会公共利益的活动

开展公共文化服务，保障人民群众基本文化权益，满足人民群众基本文化需求，提高全民族精神文化素养和道德品质，是公共文化服务体系建设的基本任务。公共图书馆是公共文化服务体系的重要组成部分，是保障公民基本文化权益的重要阵地，公共图书馆的设施、产品、活动以及其他相关服务均出于公益目的，是社会公共利益的集中体现和实现载体，绝对不能用于任何损害社会公共利益的活动。损害公共利益的活动在实践中表现各异，如将公共图书馆设施挪作他用，利用公共图书馆服务开展不利于社会安定团结的活动，在公共图书馆开展与社会公德不符的活动等。

（三）不得从事或允许其他组织、个人在馆内从事其他违反法律法规的活动

公共图书馆以及任何组织和个人利用公共图书馆开展活动，都必须严格遵循相关法律法规，不得从事违反法律法规的活动，政府文化主管部门对此应加强监督检查。例如，根据《娱乐场所管理条例》第七条规定，娱乐场所不得设在下列地点：居民楼、博物馆、图书馆和被核定为文物保护单位的建筑物内。任何组织和个人都不得在公共图书馆内设立歌舞、游艺等娱乐场所。同时，在推进公共文化服务社会化发展进程中，尤其应当注重提高参与公共文

化服务各类社会主体的学法、守法意识，做到各类主体依法参与、有序进入、合规服务、遵章守纪。

本法第四十九条规定了公共图书馆从事或者允许其他组织、个人在馆内从事危害国家安全、损害社会公共利益活动的法律责任；构成违反治安管理行为或者构成犯罪的，还应根据本法第五十四条规定，依法给予治安管理处罚或追究刑事责任。

第三十八条　公共图书馆应当通过其网站或者其他方式向社会公告本馆的服务内容、开放时间、借阅规则等；因故闭馆或者更改开放时间的，除遇不可抗力外，应当提前公告。

公共图书馆在公休日应当开放，在国家法定节假日应当有开放时间。

条文解读

本条是关于公共图书馆公告服务信息和开放时间的规定。

一、公告服务信息

公共图书馆向社会公告必要的服务信息，有利于公众能够广泛知晓服务内容和借阅方法，更好地利用公共图书馆。

本条规定公共图书馆向公众公告服务信息的方式包括

其网站或其他方式，其中，其他方式主要包括：在公共图书馆馆区醒目位置设置公告栏，制作宣传册，利用公共媒体、图书馆移动终端等进行公告等。

公共图书馆向公众公告服务信息的项目主要包括：

一是服务内容，即公共图书馆提供的文献信息查询和借阅，阅览室等空间设施场地开放，公益性讲座、展览、培训、阅读推广活动等服务项目。公告的服务内容要按照当地政府公布的基本公共文化服务实施标准或者目录，根据当地人民群众文化需求特点，结合本馆的基本功能和特色馆藏，公布服务项目，并根据读者的反馈意见，对服务内容进行及时调整。

二是开放时间，即公共图书馆每天的开馆时间和闭馆时间，以及开闭馆调整情况。公共图书馆要足时开放，按照《公共图书馆服务规范》，省级馆每周开放时间不少于64 小时，地级馆每周开放时间不少于60 小时，县级馆每周开放时间不少于56 小时。各级独立建制的少年儿童图书馆每周开放时间不少于40 小时。在满足最低开放时限的基础上，各公共图书馆可以根据当地需求和实际情况，考虑将开放时间与一般的工作时间适当错开，便于社会公众工作之外的时间也能利用公共图书馆。

三是借阅规则，即公共图书馆不同类型文献信息的借阅对象、借阅期限、借阅数量、借阅程序等内容。公共图书馆可以根据馆藏类型、文献复本数量等因素制定不同的借阅规则，便于公共图书馆最大限度地满足读者需要。公共图书馆向社会公众公告借阅规则，有利于读者明确知晓，并根据本法第四十四条的规定，按照规定时限归还所借阅的文献信息。

此外，公共图书馆还可以向社会公众公告包括服务范围、服务指南、服务承诺、设施设备的使用方法和注意事项、读者须知、收费项目及收费标准等事项。

二、提前公告突发情况

公共图书馆如果遭遇特殊情况暂时无法提供服务，或需要更改开放时间，因馆舍或设备维修等需要暂停全部或部分服务的，都应当提前向公众公示，以免给公众带来不便。按照《公共图书馆服务规范》，提前公示的时间要求至少提前一周，但如果遇到地震、台风、公共安全、网络安全等不能预见、不能避免和不能克服的突发事件，须临时闭馆或关闭部分区域、暂停部分服务的，可以不受时间限制，但公共图书馆得知后应当尽快发布公告，提请读者注意。

三、开放时间的特殊规定

公休日是指每周的星期六和星期日。根据《全国年节及纪念日放假办法》规定，目前国家法定节假日包括：（1）新年，放假1天（1月1日）；（2）春节，放假3天（农历正月初一、正月初二、正月初三）；（3）清明节，放假1天（农历清明当日）；（4）劳动节，放假1天（5月1日）；（5）端午节，放假1天（农历端午当日）；（6）中秋节，放假1天（农历中秋当日）；（7）国庆节，放假3天（10月1日、2日、3日）。

为了更好地适应公众的文化需求，保障公民基本文化权益，公共图书馆在公休日和国家法定节假日等社会公众闲暇时间应当开放提供服务。根据劳动法第四十条规定，用人单位在元旦、春节、国际劳动节、国庆等法律法规规定的节日期间应当依法安排劳动者休假。所以，为了既满足公众的阅读需求，又保障公共图书馆工作人员的休息权利，公共图书馆在国家法定节假日可以根据图书馆规模、图书馆工作人员数量、读者利用习惯等方面的实际情况，合理安排开放时间、开放范围和服务项目。同时，公共图书馆可以通过计算机、电视机、手机等电子设备为终端的计算机互联网、广播电视网、移动通信网等信息网络提供远程数字服务，也可以通过自助图书借还机等为读者提供24小时便捷服务，作为公共图书馆场馆开放服务的补充。

第三十九条　政府设立的公共图书馆应当通过流动服务设施、自助服务设施等为社会公众提供便捷服务。

条文解读

本条是关于政府设立的公共图书馆提供流动服务设施和自助服务设施等便捷服务的规定。

一、政府设立的公共图书馆应当提供流动服务

流动服务是指通过资源配送、服务延伸、城乡联动、区域交流等方式开展的公共图书馆服务的一种形态。流动服务设施是可以定期或不定期将公共图书馆的服务主动推送给远离图书馆或不方便到馆读者的设施设备，包括用于图书流动服务的汽车、轮船、火车、人力车、畜力车、背篓等运输工具，在农村集市、边贸口岸、边疆哨所设置的流动服务站点，以及新型集成化、便携式、多功能的流动图书服务设备器材等。

公共图书馆通过流动服务设施可以提供的服务内容包括：注册办证、文献阅览、复制打印、参考咨询、展览讲座、音视频放映、交流讨论等。流动服务能够最大限度地深入基层，贴近群众，及时满足人们对公共图书馆的服务需求，拓宽公共图书馆的服务半径，将公共图书馆的多元化服务主动推送给远离图书馆和不便于到图书馆的读者，可以帮助偏远地区、人口稀疏地区、公共图书馆设施盲区、公共图书馆服务空白地区等特殊区域享有公共图书馆服务。

公共图书馆要根据当地经济社会发展水平、自然条件和图书馆工作基础等因素，因地制宜地利用流动服务设施提供服务。一方面，要依托公共图书馆及其分馆、基层服务点开展流动服务，在根据本法第三十一条规定，因地制宜建立以县（区）图书馆为总馆，乡镇（街道）文化站为分馆，以村（社区）文化室、农家书屋为基层服务点的总

分馆制的基础上，利用流动图书车等流动服务设施，定期为分馆和基层服务点配送和更新图书、报刊和农业技术资料，开展读书活动、读者咨询、培训讲座等延伸服务，为群众借阅图书提供便利。鼓励和支持各地开展图书漂流、阅读推广、图书换读等流动图书服务活动。另一方面，要依托数字文化工程开展流动服务。发挥全国文化信息资源共享工程、数字图书馆推广工程、公共电子阅览室项目的资源优势和传播优势，为流动文化服务提供数字资源支持、搭建对接平台并开展宣传推广。在中西部地广人稀的地方特别是牧区设立小型无线服务站点，为尚未实现网络覆盖的地区提供数字文化服务，使群众可以通过手机、电脑、电视等移动终端获取文化资源和服务。

二、政府设立的公共图书馆应当提供自助服务

自助服务，是指由读者自行利用公共图书馆内提供的各类服务设施和资源，按照图书馆制定的规则和流程，独立获取所需信息的一种图书馆服务方式。自助服务设施，包括自助办证机、自助借还机、自助复印机或集成借阅服务功能的自助图书馆等无需图书馆工作人员帮助，读者可以直接实现自我服务的图书馆设施设备。

自助服务让读者可以自行完成原本馆员操作执行的服务，有助于满足读者个性化需求、提升读者自助服务意识、锻炼和培养读者利用图书馆设施及资源开展自我服务的能力，通过信息网络将服务延伸到城乡基层，让社会公众享受普遍均等的基本公共文化服务。各级公共图书馆可以建设自助图书服务空间，因地制宜设置自助服务设备，开展办证、阅览、外借等24小时图书馆服务，科学规划自助服务空间和设备的布点，与各级各类图书馆相辅相成，打造百姓身边的公共阅读场所，同时加强资源更新、用户辅导和设备维护。

公共图书馆通过馆内自助服务和网络自助服务两种途径为社会公众提供便捷服务。馆内自助服务包括自助办证、开架借阅、自助借还、自助检索、自助复印（打印、扫描）等；网络自助服务包括通过信息网络开展文献信息查询、借阅、预约、续借、参考咨询、培训等。同时，图书馆在开展自助服务的过程中，需要为读者提供自助服务的培训，指导读者学会使用公共图书馆的自助服务设备和各类资源。如果读者在进行自助服务时遇到困难，图书馆工作人员应及时给予帮助和引导。

除上述流动服务设施、自助服务设施外，公共图书馆还可以通过提供电子阅读设备、平板电脑等数字服务设备等方式，向社会公众提供电子书刊借阅等便捷服务。

第四十条　国家构建标准统一、互联互通的公共图书馆数字服务网络，支持数字阅读产品开发和数字资源保存技术研究，推动公共图书馆利用数字化、网络化技术向社会公众提供便捷服务。

政府设立的公共图书馆应当加强数字资源建设、配备相应的设施设备，建立线上线下相结合的文献信息共享平台，为社会公众提供优质服务。

条文解读

本条是关于公共图书馆提供数字服务的规定，要求公共图书馆利用数字化、网络化技术向社会公众提供便捷服务和优质服务。

随着互联网、大数据、云计算等现代信息技术的发展，社会公众获取信息与知识的方式正在发生深刻改变，数字阅读日益成为全社会新的学习方式。在信息化、数字化、网络化的背景下，依托现代化技术和新媒体手段，加强公共图书馆的数字服务，切实保障人民群众获取公共图书馆服务的普遍性和均等性，有利于提升公共图书馆服务效能，有利于丰富读者的阅读体验。

一、政府责任

（一）构建标准统一、互联互通的公共图书馆数字服务网络

建立互联互通的公共图书馆服务网络，首先要建立完善的数字图书馆的标准规范体系。我国数字图书馆建设之初就提出“标准规范先行”的原则，目前数字图书馆相关的国家标准和行业标准共有 30 余项，数字图书馆相关项目工程也围绕数字资源加工、基本元数据规范、唯一标识符、

数字资源检索与应用、长期保存等方面制定了一些项目标准。在此基础上，应当按照科学性、规范性、实用性的原则，结合国家公共文化服务标准化建设，统筹组织制定公共图书馆数字服务标准、评价标准和技术标准，确保公共图书馆数字资源建设和服务过程中有相应的标准规范可以遵循，并推进这些标准的普遍应用，将标准制定和落实情况作为公共图书馆数字服务评价的重要依据。

在国家层面，应当依照互联网环境下资源共建共享、数据开放互联的原则，促进异构系统间数据交换格式和互操作接口的标准化、规范化和开放性，促进各级公共图书馆之间的数据和资源的互联互通。依托数字图书馆推广工程等公共数字文化工程，提高各地公共图书馆数字化服务能力，构建标准统一、覆盖城乡、互联互通、便捷高效的公共数字文化服务网络，推动县级以上公共图书馆全部具备提供互联网服务和移动终端服务的能力。

（二）国家支持数字阅读产品开发

开发数字阅读产品，要坚持弘扬社会主义核心价值观，以群众文化需求为导向，重点加强对地方特色资源、优秀传统文化资源、少数民族文化资源的挖掘整理，有序推进艺术鉴赏、全民阅读、知识讲座、实用科技、健康生活等基础性数字文化资源建设，推进专题电子书、特色资源数据库、有声读物等数字阅读产品的开发。依托国家重大文化工程和地方文化建设项目，加大对传统文化典籍的整理阐释与宣传推广。同时，推动各级公共图书馆利用古籍善本、图书报刊和数字文化资源等开发文化创意产品，挖掘地方传统文献资源，开发一批弘扬中华优秀传统文化、反映时代精神、符合群众实际需求的文化创意产品。

（三）国家支持数字资源保存技术研究

数字资源，是以数字形式存储的带有特定内容的信息单元，是公共图书馆馆藏的一部分。与传统资源相比，数字资源具有对载体和技术的依赖性强、生命周期短等特点，一旦损失将难以恢复。所以，随着公共图书馆数字资源的飞速增长，只有不断加强对数字资源长期保存技术研究，才能有效保障数字资源的可持续利用。公共图书馆应当结合国家重大信息工程建设，加强先进技术研究转化和应用，利用云计算、大数据等信息技术，加强公共图书馆领域数字资源长期保存等关键技术的研发应用，推动公共图书馆事业与科学技术融合发展。

二、政府设立的公共图书馆的责任

（一）加强数字资源建设

政府设立的公共图书馆应当不断加强数字资源、网络资源等新兴阅读资源的采集入藏，建立包括精品电子书、主流期刊报纸、精品公开课的公共图书馆基础资源库，同时充分发挥其在信息资源组织领域的专业优势，深入推进各类型数字阅读资源，特别是传统文化典籍、历史记忆资源、学术文献信息资源以及在线讲座、展览等延伸阅读资源的整合与开发，丰富资源类型，提升资源适应性，满足不同终端、不同人群的实际需求，为社会公众持续提供优质的专题数字阅读资源。同时，可以针对不同群体的文化需求，定制惠农资源、务工资源、少儿资源、社区服务资源、残障专题资源、精准扶贫资源等各具特色的数字文化资源产品，满足不同群体数字文化需求。同时，借助各级公共数字文化服务平台面向全民推广，充分利用移动互联网的优势和特点，满足不同群体的阅读需求。

（二）配备相应的设施设备

政府设立的公共图书馆应当配备一定数量的计算机、实现公共图书馆网络与宽带接入，提供计算机网络接口，有条件的可提供互联网无线网接入服务。可以依托文化信息资源共享工程、数字图书馆推广工程、公共电子阅览室建设计划等公共数字文化工程，加强公共图书馆数字服务设施建设，并配置相应器材设备。同时，要进一步提高公共图书馆的信息化、智能化水平，推进数字阅读空间建设，通过提供数字触摸屏、电子书阅读器、虚拟现实场景体验等各类新兴数字阅读服务，引导读者走近数字阅读，增强公共图书馆服务互动性和趣味性，提高服务质量。此外，要应用数字读屏设备及软件等设施设备为老年人、残疾人等特殊群体提供服务。

（三）建立线上线下相结合的文献信息共享平台

政府设立的公共图书馆建立线上线下相结合的文献信

息共享平台，要以“开放接口、兼容互用”为原则，建立标准化和开放性的数字图书馆系统，建设文献信息共建共享的软硬件平台，集信息报送、网络监测、统计分析、数据发布、绩效评价等功能于一体，促进各级公共图书馆数字资源的整合与共享，进而通过信息技术将公共图书馆的信息资源和服务主动推送给读者，同时实现公共图书馆与读者之间、公共图书馆之间、读者之间的虚拟或现实互动，实时了解读者满意度和阅读需求，促进供需有效对接，通过信息网络和馆舍场地提供“互联网＋借阅”“互联网＋信息服务”，进而不断完善平台功能。

第四十一条　政府设立的公共图书馆应当加强馆内古籍的保护，根据自身条件采用数字化、影印或者缩微技术等推进古籍的整理、出版和研究利用，并通过巡回展览、公益性讲座、善本再造、创意产品开发等方式，加强古籍宣传，传承发展中华优秀传统文化。

条文解读

本条是关于政府设立的公共图书馆加强古籍保护、研究、利用与宣传的规定。

古籍就是古代典籍，主要是指书写或印刷于 1912 年以前具有中国古典装帧形式的书籍。古籍保护即采用一定的方法和手段维持古籍文化意义的所有过程。古籍保护分为原生性保护和再生性保护。原生性保护是不改变古籍原始特征和载体形式的一种保护方式，主要包括原样修复和按特藏书库标准保存等。再生性保护是改变古籍的原始特征和载体形式，对古籍内容进行保护的一种方式，主要包括影印、数字化、缩微复制和整理出版等。古籍保护要坚持“保护为主、抢救第一、合理利用、加强管理”的指导方针。

一、政府设立的公共图书馆应当加强古籍保护工作

古籍是中华民族历史发展过程中创造的重要文明成果，是中华文明一脉相承的历史见证，是人类文明的瑰宝。《中华人民共和国文物保护法》第二条、第七条分别规定：“历史上各时代重要的文献资料以及具有历史、艺术、科学价值的手稿和图书资料等”属国家文物，应当受到国家保护；“一切机关、组织和个人都有依法保护文物的义务。”国务院办公厅颁发的《国务院办公厅关于进一步加强古籍保护工作的意见》指出，“要大力实施‘中华古籍保护计划’”“全面开展古籍普查登记工作”“建立《国家珍贵古籍名录》，逐步形成完善的古籍保护制度”“改善古籍保管条件，命名全国古籍重点保护单位”“加快推进古籍修复工作，提高古籍修复水平”“进一步加强古籍的整理、出版和研究利用”等相关要求。

新中国成立以来，在党中央和国务院的重视关怀下，在有关部门的大力支持下，我国的古籍保护工作取得了一系列进展。但同时仍然存在一些问题。例如，古籍保护和修复人才匮乏，尤其是少数民族古籍保护和整理人员极度缺乏；由于环境污染加重，古籍酸化和脆化程度加快；古籍修复工作技术落后、进展缓慢等问题。为此，公共图书馆需进一步增加责任感、紧迫感和使命感，继续做好古籍保护工作，为社会主义核心价值体系建设提供优秀的文献资源。

政府设立的公共图书馆是重要的古籍收藏机构。严格遵守我国古籍保护各项法律法规，贯彻执行我国古籍保护相关通知和工作意见，是公共图书馆必须履行的义务和职责。据《中国图书馆年鉴》（2016）统计，全国各级各类型图书馆收藏古籍 2712.35 万册，善本 273.47 万册。由于年代久远，许多古籍难以保存，传承至今的孤本、珍本尤为珍贵。对这些古籍进行妥善保护、开发和利用，不仅是党和政府对公共图书馆的重托，也是新时代公共图书馆应当履行的重要职能，更是坚定文化自信、推动社会主义文化繁荣兴盛的客观要求。

二、政府设立的公共图书馆应当根据自身条件推进古籍整理、出版和研究利用

政府设立的公共图书馆应当按照古籍数字化标准要求，根据经费、设备、技术、人才等自身条件，按重点、分批次、有计划地对本馆古籍开展数字化、影印出版、缩微复

制等再生性保护措施，推进古籍的整理、出版和研究利用。

一是加强古籍数字化工作。借助互联网、大数据、云服务等高新技术，率先对馆藏珍贵古籍和特色文献进行数字化，合力建设中华古籍数字资源库，积极参与中华古籍综合信息数据管理平台，扩大古籍数字资源开放，促进资源共享，提高利用效率。

二是加强古籍整理出版工作。积极参与国家级重点古籍影印和整理出版项目的实施；按照国家相关法律法规，努力争取地方财政支持，有计划、有步骤、有重点地对馆藏古籍进行整理出版，努力提高古籍影印、整理出版质量和资金使用效益。

三是推进珍贵古籍缩微复制保存。继续开展珍贵古籍缩微化工作，依据全国古籍普查登记情况，对尚未拍摄的珍贵古籍文献，有计划地开展缩微复制工作。充分发挥缩微技术有利于长期保存的优势，依托数转模技术，以珍贵古籍数字化项目成果为基础，开展珍贵古籍数字资源转换缩微胶片，逐步实现全部珍贵古籍的缩微化长期保存。

三、政府设立的公共图书馆应加强古籍宣传，弘扬中华优秀传统文化

本条规定，政府设立的公共图书馆应当“通过巡回展览、公益性讲座、善本再造、创意产品开发等方式，加强古籍宣传，传承发展中华优秀传统文化”，是对古籍宣传具体举措的规定。

加强古籍宣传，“让书写在古籍里的文字活起来”，是讲好中国故事、弘扬中国精神、传播中国价值的时代命题，本条对政府设立的公共图书馆加强古籍宣传的方式作出了规定，主要包括：

一是举办中华优秀古籍系列巡回展览和讲座。充分挖掘馆藏优秀古籍，组织开展线上线下系列巡回展览和讲座，深入诠释、解读中华优秀典籍，进一步激发中华优秀传统文化的生机与活力。与此同时，深入开展经典朗诵、知识竞赛等“礼敬中华优秀传统文化”系列活动，进一步推动优秀传统文化的传承和发展。

二是加强善本再造。为了便于社会公众和专家学者充分利用和研究古籍，减少对古籍原件的利用磨损，保护古籍原件安全，对古籍可以进行善本再造和整理出版。善本再造是指利用现代出版印刷技术，对具有历史文物性、学术资料性、艺术代表性的珍贵古籍善本进行仿真复制。

三是加强古籍文化创意产品开发。发挥古籍资源丰富的优势，坚持社会效益第一的原则，依托全国公共图书馆文化创意产品开发联盟等平台，依法通过委托、与文化企事业单位合作等方式，开发弘扬中华优秀传统文化、反映时代精神、符合群众实际需求的古籍类高品质的文化创意产品，并利用古籍文化创意产品的展示和发布，举办系列读书活动，借助国内外图书馆行业会议或学术会议，广泛推介中华古籍类文化创意产品。

在上述工作基础上，政府设立的公共图书馆还应当不断建立健全古籍宣传推广的工作机制，运用数字化、信息化、网络化等现代技术手段，采取线上线下相结合的方式，加强对中华优秀古籍多媒体、多渠道、多终端传播，形成中华优秀古籍宣传推广的浩荡声势。积极培育中华优秀古籍宣传推广活动品牌，并利用品牌的示范效应带动中华优秀古籍宣传推广活动的深入开展。

第四十二条　公共图书馆应当改善服务条件、提高服务水平，定期公告服务开展情况，听取读者意见，建立投诉渠道，完善反馈机制，接受社会监督。

条文解读

本条是关于公共图书馆提高服务水平、接受社会监督的规定。

一、公共图书馆应当改善服务条件，提高服务水平

国际图书馆协会联合会（IFLA）与联合国教科文组织（UNESCO）发布的《公共图书馆宣言》（1994）提出："馆藏和服务须包括各种形式的合适载体、现代技术以及传统资料。高质量并且与当地的需要和条件相适应是非常重要的""对社区所有成员的服务必须切实可行，这就要求图书馆馆址适中，拥有良好的阅读和学习条件以及相应的技术和充分的开放时间以方便用户，同时应为那些不能亲临图书馆的读者提供延伸服务”。公共文化服务保障法第二十九条规定：公益性文化单位应当完善服务项目、丰富服务内容，创造条件向公众提供免费的阅读等服务。关于服务条件和服务内容，本法第十五条、第三十三条、第三十四条、第三十五条、第三十六条等作出了具体规定。但是，法律规定只是公共图书馆应当具备的基本条件和提供的基本服务要求，是“最低线”，公共图书馆应当在满足上述基本条件和基本要求的基础上，不断改善服务条件，提高服务水平。

（一）改善服务条件

公共图书馆服务条件主要包括服务馆舍、服务设备、文献资源等方面。馆舍的设置在遵照《公共图书馆建设标准》（建标 108—2008）的基础上，要进一步完善功能布局，遵循以读者服务为中心的原则，合理规划借阅区和活动区、少年儿童和成年人、视障人士等不同群体的服务空间，并营造温馨、典雅、舒适的阅读环境。服务设备在执行《公共图书馆服务规范》相关要求的同时，还应根据现代技术的不断发展，结合自身实际情况，定期适量购置新型服务设备，同时，加强资源建设，收集多品种、多载体、内容丰富的文献信息，提高馆藏总量和质量，突出馆藏特色，实现资源共享，共同保障服务，以满足读者不断增长的阅读需求。

（二）提高服务水平

公共图书馆服务水平的提高主要包括服务效能管理、服务人员素质提升等方面。公共图书馆在执行《公共图书馆服务规范》相关量化标准的同时，还应根据读者需求的变化和时代的发展，坚持服务理念、服务模式、服务手段、服务管理等方面的创新，利用新技术和新思想来改善和变革现有的服务流程、服务范围、服务手段和服务产品，提高现有的服务质量和服务效率，实现服务增值。与此同时，还应配备数量适宜并具有相关学科背景的专业技术人员，并利用项目管理搭建工作平台，利用业务培训提升工作能力，利用激励机制激发工作热情等举措，将规范的制度和工作人员情感巧妙结合，并渗透于服务水平提高的整个环节。

二、公共图书馆应当接受社会监督

本条规定了公共图书馆应当接受社会监督，而且明确了接受社会监督的渠道。

《中华人民共和国宪法》第四十一条第一款规定："中华人民共和国公民对于任何国家机关和国家工作人员，有提出批评和建议的权利；对于任何国家机关和国家工作人员的违法失职行为，有向有关国家机关提出申诉、控告或者检举的权利，但是不得捏造或者歪曲事实进行诬告陷害。"公共文化服务保障法第五十七条规定："各级人民政府及有关部门应当及时公开公共文化服务信息，主动接受社会监督。"

本条对公共图书馆接受社会监督的途径作出了规定，主要包括：

（一）定期公告服务开展情况

公共图书馆定期公告服务开展情况，是保障正常发挥公共图书馆设施效能，维护读者知情权的基本要求。根据公共文化服务保障法第二十一条规定，公共文化设施管理单位应当建立健全管理制度和服务规范，建立公共文化设施资产统计报告制度和公共文化服务开展情况的年报制度。公共图书馆作为公共文化设施，应当建立服务开展情况的年报制度，将提供的服务项目、服务数量、接受服务的人数、服务效果等内容，编制成结构完善、数据翔实、排版美观的年度报告，定期通过网站、微信公众号等途径进行公告，提高图书馆服务信息的透明度，促进公众对图书馆的关注、认知和良性互动。

（二）广泛听取读者意见

读者意见是改进公共图书馆服务的重要参考。公共图书馆可以通过多种方式虚心听取读者意见。例如，一是在服务窗口显眼的位置或活动现场设置意见本、活动体验评价本、读者意见箱等收集读者意见；二是通过网站留言，论坛回帖，微博及微信评论留言，手机短信，语音电话留言，电话抽样征询等收集读者意见；三是定期发放读者需求调查表和读者满意度调查问卷，主动收集读者意见；四是通过召开各类群体的读者代表座谈会、专题服务征询会等，主动听取意见和需求；五是鼓励有条件的公共图书馆引入第三方调查机制，广泛征询公众的意见和建议；等等。

（三）建立投诉渠道

多途径建立投诉渠道是建立和谐阅读环境，提高服务水平的重要举措。公共图书馆建立投诉渠道的方式主要包括：一是在总服务台设立专人接收读者投诉；二是在服务窗口显眼位置设立读者投诉监督服务岗；三是公开本馆投诉监督热线电话；四是建立馆长服务接待日制度；五是开设电子信箱、网站、微博、微信等网上投诉通道；六是合理利用新闻媒体投诉渠道；等等。

（四）完善反馈机制

公共图书馆应当重视读者意见或投诉管理，及时处理并反馈处理意见，将其作为提升读者满意度的重要手段。公共图书馆完善读者意见或投诉反馈机制的方式主要包括：一是设立专门部门、指定专人跟进处理读者意见或投诉；二是完善相关的规章制度，明确读者意见或投诉处理流程和回复时间。根据《公共图书馆服务规范》，读者意见或投诉应在五个工作日内回复并整改落实；三是建立起读者意见或投诉的档案利用机制，合理利用读者意见或投诉，作为馆内绩效考核和服务改进的重要依据；等等。

第四十三条　公共图书馆应当妥善保护读者的个人信息、借阅信息以及其他可能涉及读者隐私的

信息，不得出售或者以其他方式非法向他人提供。

条文解读

本条是关于公共图书馆保护读者信息的规定。《中华人民共和国民法总则》第一百一十一条规定，自然人的个人信息受法律保护。任何组织和个人需要获取他人个人信息的，应当依法取得并确保信息安全，不得非法收集、使用、加工、传输他人个人信息，不得非法买卖、提供或者公开他人个人信息。

一、公共图书馆应当妥善保护的读者信息范围

读者信息主要包括读者个人信息、借阅信息以及其他可能涉及读者隐私的信息。读者个人信息是指以电子或者其他方式记录的能够单独或者与其他信息结合识别自然人个人身份的各种信息，包括但不限于自然人的姓名、出生日期、身份证件号码、个人身份识别信息、住址、电话号码等。读者借阅信息是指读者在图书馆进行文献检索、文献咨询、文献阅览、文献外借过程中所记录的读者个人信息以及借阅行为、借阅倾向等信息。其他可能涉及读者隐私的信息主要是指读者在利用图书馆过程中，除了读者的个人信息和借阅信息以外所产生的其他隐私信息，如读者参加活动的隐私信息、图书馆的监控信息、图书馆移动定位和跟踪信息等。

二、公共图书馆妥善保护读者信息的主要做法

保护读者信息不仅是公共图书馆遵法守法的必然要求，

也是现代社会最基本的伦理规范之一，更是维护知识自由原则、保障读者阅读权利充分实现的职责所在。本条规定保护读者信息，与国际国内图书馆组织所倡导的原则和思想相一致。1999 年 3 月，国际图书馆协会联合会发布的《关于图书馆与知识自由声明》中指出："图书馆使用者享有隐私权和匿名权，图书馆员和其他工作人员不得将使用者身份及其所借资料向第三方泄露。"2002 年，中国图书馆学会发布《中国图书馆员职业道德准则（试行)》第四条明确提出："维护读者权益，保守读者秘密"，是中国图书馆界第一次明确认可和强调读者隐私的保护。

公共图书馆可以采取以下方式妥善保护读者信息：

一是加强相关法律法规的全员培训，知法守法。尤其是在互联网环境下，图书馆员应详细知晓 2012 年 12 月 28 日全国人民代表大会常务委员会发布的《关于加强网络信息保护的决定》、2013 年 6 月 28 日中华人民共和国工业和信息化部第 2 次部务会议审议通过的《电信和互联网用户个人信息保护规定》，以及 2017 年 6 月 1 日起施行的《中华人民共和国网络安全法》等网络环境下个人信息保护的相关法律法规，切实加强读者信息保护。

二是严格遵照《中国图书馆员职业道德准则（试行)》，自觉保守读者秘密。制定读者信息保护的相关制度，明确读者个人信息、借阅信息以及其他隐私信息的管理权限和责任人；严格控制读者信息利用的审批流程，对于不能规避的政府获取行为，需确认是否合法，否则，依法依规地拒绝；加强技术防护，安装防火墙、杀毒软件，防止黑客对流通数据的侵入、窃取和破除。

三、公共图书馆不得出售或者以其他方式非法向他人提供读者信息

公共图书馆获取的读者信息，只能用于管理和服务工作，不能用于其他用途，更不能出售或者以其他方式非法向他人提供。出售是以获利为目的的买卖，其他方式包括交换、故意泄露、公开等方式。本法第五十条明确规定，公共图书馆及其工作人员出售或者以其他方式非法向他人提供读者的个人信息、借阅信息以及可能涉及读者隐私的信息的行为，由文化主管部门责令改正，没收违法所得，对直接负责的主管人员和其他直接责任人员追究法律责任。构成违反治安管理行为或者构成犯罪的，还应根据本法第五十四条规定，依法给予治安管理处罚或追究刑事责任。

《中华人民共和国刑法》第二百五十三条之一规定："违反国家有关规定，向他人出售或者提供公民个人信息，情节严重的，处三年以下有期徒刑或者拘役，并处或者单处罚金；情节特别严重的，处三年以上七年以下有期徒刑，并处罚金。违反国家有关规定，将在履行职责或者提供服务过程中获得的公民个人信息，出售或者提供给他人的，依照前款的规定从重处罚。窃取或者以其他方法非法获取公民个人信息的，依照第一款的规定处罚。单位犯前三款罪的，对单位判处罚金，并对其直接负责的主管人员和其他直接责任人员，依照各该款的规定处罚。”《中华人民共和国网络安全法》第四十四条规定：“任何个人和组织不得窃取或者以其他非法方式获取个人信息，不得非法出售或者非法向他人提供个人信息。”“违反本法第四十四条规定，窃取或者以其他非法方式获取、非法出售或者非法向他人提供个人信息，尚不构成犯罪的，由公安机关没收违法所得，并处违法所得一倍以上十倍以下罚款，没有违法所得的，处一百万元以下罚款。”

第四十四条　**读者应当遵守公共图书馆的相关规定，自觉维护公共图书馆秩序，爱护公共图书馆的文献信息、设施设备，合法利用文献信息；借阅文献信息的，应当按照规定时限归还。**

对破坏公共图书馆文献信息、设施设备，或者扰乱公共图书馆秩序的，公共图书馆工作人员有权予以劝阻、制止；经劝阻、制止无效的，公共图书馆可以停止为其提供服务。

条文解读

本条是关于对读者要求的规定。

任何公民在法律上既是权利的主体，又是义务的主体；既平等地享有权利，又平等地履行义务。为维护公共图书馆正常服务秩序，保障公民平等获取公共图书馆服务的权利，作为读者的公民在利用公共图书馆过程中也应当承担相应的责任。本条对读者提出了要求，并对其违反相关要求时公共图书馆及其工作人员可以采取的措施作出了规定。

一、对读者的要求

公共图书馆是公共文化设施，是满足读者基本文化需求的载体。公共文化设施的公共性，决定了公众在使用过程中不得妨碍他人使用。所以，读者在利用公共图书馆时，应当遵循以下要求：

一是遵守公共图书馆的相关规定。公共图书馆根据本法第十五条制定的安全保障制度，根据本法第十六条在本馆章程中包含的管理制度及有关规则，根据本法第三十八条的规定制定的借阅规则，以及根据《公共图书馆服务规范》的建议制定并公告的读者须知、借阅（使用）规则等，读者在利用公共图书馆时都应当认真遵守。

二是自觉维护公共图书馆秩序，爱护公共图书馆的文献信息、设施设备。《中华人民共和国宪法》第五十三条规定：“中华人民共和国公民必须遵守宪法和法律，保守国家秘密，爱护公共财产，遵守劳动纪律，遵守公共秩序，尊重社会公德。”公共图书馆秩序属于公共秩序，公共图书馆的文献信息、设施设备等属于公共财产，因此，读者在利用图书馆时，应自觉维护公共图书馆秩序，爱护公共图书馆的文献信息、设施设备，这是《中华人民共和国宪法》

等法律赋予公民的法定义务，也是对其他读者权益的尊重。本法第五十三条对损坏公共图书馆的文献信息、设施设备，造成财产损失或者其他损害的行为所应承担的法律责任作出了规定。

三是合法利用文献信息。读者在利用公共图书馆提供的文献信息过程中，不得违反国家法律和有关行政法规的规定，例如著作权法及其实施条例对作品使用的规定。读者在公共图书馆进行文献复制、网络资源下载、浏览和打印、网络信息传输等过程中，都应当严格遵守相关法律法规的规定。

四是借阅文献信息要按照规定时限归还。根据本法第三十八条的规定，公共图书馆应向社会公告本馆借阅规则，读者应当按照其中对各类文献信息借阅时限的规定，按时归还文献信息。根据本法第五十三条规定，未按照规定时限归还所借文献信息，造成财产损失或者其他损害的，依法承担民事责任。

二、公共图书馆对读者违反相关要求可以采取的举措

本条款赋予了公共图书馆工作人员劝阻、制止读者破坏公共图书馆文献信息、设施设备，或者扰乱公共图书馆服务秩序行为的权力。《中华人民共和国宪法》第十二条、第五十一条分别规定：“社会主义的公共财产神圣不可侵犯。国家保护社会主义的公共财产。禁止任何组织或者个人用任何手段侵占或者破坏国家的和集体的财产。”“中华人民共和国公民在行使自由和权利的时候，不得损害国家的、社会的、集体的利益和其他公民的合法的自由和权利。”《中华人民共和国物权法》第四条规定：“国家、集体、私人的物权和其他权利人的物权受法律保护，任何单位和个人不得侵犯。”公共文化服务保障法第二十六条规定：“公众在使用公共文化设施时，应当遵守公共秩序，爱护公共设施，不得损坏公共设施设备和物品。”

本条规定，对破坏公共图书馆文献信息、设施设备，或者扰乱公共图书馆秩序的行为，公共图书馆工作人员有权予以劝阻、制止。对于不听劝阻、制止的，本条也赋予了公共图书馆停止为其提供服务的权力。这与宪法规定的权利与义务对等的原则是一致的。《中华人民共和国宪法》第三十三条明确规定：“任何公民享有宪法和法律规定的权利，同时必须履行宪法和法律规定的义务。”权利和义务是相辅相成的，当读者拒不履行其义务时，其利用公共图书馆的权利就应当不该享有。强调读者的权利，绝不意味着读者可以随心所欲，对于读者的破坏行为或扰乱秩序的行为，若经劝阻、制止无效的，公共图书馆可以停止为其提供服务，这是保障读者权利的基础，也是公共图书馆法赋予公共图书馆的权力。

第四十五条　国家采取政府购买服务等措施，对公民、法人和其他组织设立的公共图书馆提供服

务给予扶持。

条文解读

本条是通过政府购买服务等措施扶持社会力量设立的公共图书馆的有关规定，是对本法第四条第二款“国家鼓励公民、法人和其他组织自筹资金设立公共图书馆”的具体落实。

政府购买服务，就是通过市场机制作用，把政府直接为社会公众提供的一部分公共服务事项，按照一定的方式和程序，交由具备条件的社会力量承担，并由政府根据合同约定向其支付费用。公共文化服务保障法第四十一条规定，国务院和省、自治区、直辖市人民政府制定政府购买公共文化服务的指导性意见和目录。国务院有关部门和县级以上地方人民政府应当根据指导性意见和目录，结合实际情况，确定购买的具体项目和内容，及时向社会公布。此外，国家陆续发布关于政府购买服务的规范性文件，例如，2013 年 9 月，国务院办公厅下发《关于政府向社会力量购买服务的指导意见》，就政府向社会力量购买公共服务作出了总体安排部署。2014 年 12 月，财政部、民政部、工商总局发布《政府购买服务管理办法（暂行）》。2015 年 5 月，国务院办公厅转发了原文化部等部门《关于做好政府向社会力量购买公共文化服务工作意见》，并配套印发了《政府向社会力量购买公共文化服务指导性目录》，就政府向社会力量购买公共服务的目的、意义、品种、范围、服务对象、参与主体、参与程序、提供要求等提出了指导性意见，引导全社会参与。

根据国家政策指导意见，结合公共文化服务的具体内容、特点和地方实际，按照政府采购有关规定，政府购买服务可以采用公开招标、邀请招标、竞争性谈判、竞争性磋商、单一来源等方式确定承接主体，可以采取购买、委托、租赁、特许经营、战略合作等各种承接方式。对新增的公共文化服务内容，凡适于以购买服务实现的，原则上都要通过政府购买服务方式实施。

除了政府购买服务的措施之外，国家还可以采用项目补贴、以奖代补、优惠政策、税收减免等方式对公民、法人和其他组织设立的公共图书馆提供服务给予扶持。

第四十六条　国家鼓励公民参与公共图书馆志愿服务。县级以上人民政府文化主管部门应当对公共图书馆志愿服务给予必要的指导和支持。

条文解读

本条是关于鼓励公共图书馆志愿服务的规定。

根据《志愿服务条例》第二条规定，志愿服务，是指志愿者、志愿服务组织和其他组织自愿、无偿向社会或者他人提供的公益服务。开展志愿服务，应当遵循自愿、无偿、平等、诚信、合法的原则，不得违背社会公德、损害社会公共利益和他人合法权益，不得危害国家安全。志愿服务是公益性服务，倡导“奉献、友爱、互助、进步”的志愿精神。

一、国家鼓励公民参与公共图书馆志愿服务

近年来，国家陆续发布一系列政策文件，支持和鼓励公民参与文化志愿服务。例如，2012 年 9 月，原文化部、中央文明办发布《关于广泛开展基层文化志愿服务活动的意见》；2015 年 1 月，中办国办《关于加快构建现代公共文化服务体系的意见》明确提出要大力推进文化志愿服务；2016 年 7 月，中宣部、中央文明办、民政部等七部门发布《关于支持和发展志愿服务组织的意见》，鼓励博物馆、图书馆等设立志愿服务站点，招募使用志愿者；2016 年 10 月，中宣部、中央文明办、民政部等八部门发布《关于公共文化设施开展学雷锋志愿服务的实施意见》，深入推进公共图书馆、博物馆、文化馆等公共文化设施开展学雷锋志愿服务；等等。公共图书馆志愿服务是文化志愿服务的重要内容，公民参与公共图书馆志愿服务受上述政策文件的支持和保障。

公民参与公共图书馆志愿服务意义重大。一是有利于公共图书馆丰富服务内容，更好地解决事业发展不平衡不充分的问题。在新时代，公共图书馆服务必须统筹考虑公众的基本文化需求和多样化文化需求，推动基本服务向优质服务转变。公共图书馆引入志愿服务可以丰富服务供给，拓宽服务范围，提升服务水平。二是有助于公民自身综合素养的提升。公民参与公共图书馆志愿服务，可以在一定程度上实现个人精神世界的升华，对自身良好品德形成具有重要的影响；同时也有利于开阔视野，学习新知识，掌握新技能，提升个人综合能力。三是有利于加强公共图书馆与社会的互动联系。公民参与图书馆志愿服务，可以近距离了解到图书馆工作内容，提高图书馆知晓度。公共图书馆为公民提供志愿服务场地和机会，有助于团结一大批热心社会公益事业人士，了解图书馆、宣传图书馆，共同推进公共图书馆事业发展。

公民参与公共图书馆志愿服务，主要包括社会教育、专业服务、辅助管理等形式。其中，社会教育主要指讲解导览、公共教育、文化活动等，公共图书馆需要志愿者对馆舍空间设施的开放情况、文献信息资源利用等方面进行导览，可以针对数字资源的获取、文献资源的借阅、查询等方面给读者进行一些讲解；公共教育可以体现在专家学者志愿来馆进行公益性讲座、培训，以及志愿参与各类文化活动等方面。专业服务主要是参与文创开发、专业研究、文献翻译等，文创开发通常可以体现在一些行业精英利用自身知识、技术优势参与到图书馆志愿服务活动中，将各种创客团队引入公共图书馆，进行文创开发；专业研究指各种专家学者在公共图书馆开展参考咨询或是在馆藏分析、图书采购、图书馆空间设计等其他专业领域内提供研究的志愿服务。辅助管理主要是对公共图书馆的日常借阅和运行维护工作进行辅助管理，比如志愿者到图书馆从事书刊借阅、书籍整理、整理上架、图书修补、卫生清洁和秩序维持等馆内常规工作等。

公共图书馆在志愿者招募时，需要明确每一个岗位对志愿者知识、技能、年龄、教育背景等方面的具体要求，吸引公民以不同方式参与公共图书馆的志愿服务，并为其安排合适的志愿服务岗位，做到人尽其才、才尽其用。

二、县级以上人民政府文化主管部门对公共图书馆志愿服务给予必要的指导和支持

政府文化主管部门应当统筹协调和组织推动公共图书馆志愿服务，主要体现在：

（一）倡导和宣传公共图书馆的志愿服务

鼓励和支持国家机关、企业事业单位、人民团体、社会组织等成立志愿服务队伍参与到公共图书馆志愿服务活动中去；鼓励和支持公共图书馆面向社会招募志愿者，从文化单位、研究机构、专业院校等各个渠道招募，形成公共图书馆志愿服务队伍的稳定力量。

（二）指导做好志愿者招募和注册

指导建立公共图书馆志愿服务信息系统，建立完善志愿者注册制度，保护志愿者个人隐私。引导公共图书馆根据志愿服务的需要，及时发布招募信息，明确志愿服务所需的条件和要求，组织开展经常性招募和临时性招募，使公共图书馆的志愿服务有人做、做得好。

（三）支持志愿者培训和管理

政府文化主管部门要建立健全对公共图书馆志愿者的培训机制，以提升志愿者素质和能力为重点，依托高等院校、党校、团校等教育培训机构建立公共图书馆志愿者培训基地，组织学习培训，开展研讨交流，加快培养一批长期参与公共图书馆志愿服务的志愿者骨干，不断提高志愿者对公共图书馆工作内容的理解，提升其服务意识和服务水平。

（四）健全志愿服务考核激励机制

政府文化主管部门出台政策建立和完善志愿服务记录制度，指导公共图书馆采用统一的内容、格式和记录方式，及时、完整、准确记录志愿者参加志愿服务的信息，规范出具志愿服务记录证明，做好志愿者星级认定工作开展。建立志愿者嘉许制度，褒扬和嘉奖各公共图书馆招募的优秀志愿者，积极探索优秀志愿者激励回馈制度。并且逐步建立志愿服务虚假证明责任追究制度和监督检查制度，保障公共图书馆的志愿服务透明公正。

（五）加强志愿服务保障和支持

制定保障措施和支持措施，促进志愿服务持续健康发展。政府文化主管部门要保障志愿者必要的工作条件，逐步扩大财政资金对公共图书馆志愿服务发展的支持规模和范围，落实各项财税优惠政策，给予经费支持。依法大力发展志愿服务基金，切实加强管理，积极搭建爱心企业、爱心人士与公共图书馆之间的桥梁，引导社会资金参与支持公共图书馆志愿服务发展。鼓励多渠道筹资为志愿者购买保险，为公共图书馆的志愿服务健康持续发展提供保障。

第四十七条　国务院文化主管部门和省、自治区、直辖市人民政府文化主管部门应当制定公共图书馆服务规范，对公共图书馆的服务质量和水平进行考核。考核应当吸收社会公众参与。考核结果应当向社会公布，并作为对公共图书馆给予补贴或者奖励等的依据。

条文解读

本条是关于对公共图书馆服务质量和水平进行考核的规定。

公共图书馆服务质量和水平高低，是公共图书馆运营管理水平的体现，更影响到公共图书馆的作用是否得到有效发挥。为了充分保障公共图书馆的服务效能，一方面，要制定公共图书馆服务规范，让图书馆运营管理有章可循、有据可依、有责可查；另一方面，要加强公共图书馆服务考核评价，奖优惩劣，通过考核了解差距，根据评价结果改进工作，目的是提高服务质量、提升服务水平。

一、公共图书馆服务规范的制定与运用

本条规定，国务院文化主管部门负责制定国家层面的公共图书馆服务规范，形成全国性公共图书馆服务的统一标准。重点规范公共图书馆服务的内容、种类，以及作为国家层面的“底线标准”，发挥兜底线、指方向、做示范的作用。

我国首个公共图书馆服务领域的国家标准——《公共图书馆服务规范》（GB/T28220—2011），是由原文化部提出，经国家质量监督检验检疫总局、国家标准化管理委员会批准发布，于2011年5月1日起正式实施。该规范规定了公共图书馆的服务资源、服务效能、服务宣传、服务监督与反馈等内容标准，适用于县（市）级以上公共图书馆，街道、乡镇级公共图书馆以及社区、乡村和社会力量办的各类公共图书馆基层服务点可参照执行。该规范是国家推荐性标准，为衡量公共图书馆服务质量和水平提供了技术依据，在推动我国公共图书馆事业健康、有序发展，加快建设覆盖全社会的公共文化服务体系，有效保障社会公众的基本文化权益方面发挥积极作用。国务院文化主管部门可以根据本法规定，对服务规范进行进一步完善。

本条还规定，地方层面公共图书馆服务规范的制定主体是省、自治区、直辖市人民政府文化主管部门。地方层面的公共图书馆服务规范，应与当地经济社会发展水平相适应，确立的服务内容、种类、数量和水平，均应不低于

国家标准。目前已经颁布的地方性公共图书馆服务规范包括《上海市公共图书馆行业服务标准》《安徽省公共图书馆服务标准》《江苏省公共图书馆服务规范》《江西省公共图书馆服务规范》《浙江省公共图书馆服务规范》等。地方文化主管部门也可以根据本法规定，结合本地实际情况制修订地区性公共图书馆服务规范，作为考核依据。

由各级人民政府文化主管部门制定的公共图书馆服务规范，以标准的方式向公众明确公共图书馆服务的内容、种类、数量和水平，充分体现了以标准化促进均等化，全面提升我国公共图书馆服务质量的基本思路，是检验公共图书馆服务效能与管理的尺度，是评估公共图书馆服务水平的依据。

因此，本条规定，对公共图书馆服务质量和水平考核的主要依据，就是国务院文化主管部门和各省、自治区、直辖市人民政府文化主管部门制定的公共图书馆服务规范。

二、考核应当吸收社会公众参与

政府促进公共图书馆发展的重要手段之一，就是加强对公共图书馆服务的考核评价。为了更好地发挥公共图书馆的作用，提升公共图书馆运营管理水平，各级人民政府文化主管部门都应当建立公共图书馆服务的考核评价制度。

2015 年，中共中央办公厅、国务院办公厅在《关于加快构建现代公共文化服务体系的意见》中提出，要研究制定公众满意度指标，建立群众评价和反馈机制；探索建立公共文化服务第三方评价机制，增强公共文化服务评价的客观性和科学性。本条规定，公共图书馆服务考核，应当吸收社会公众参与，也就是说，要建立社会公众对公共图书馆服务的评价和反馈机制，把社会公众的满意度和意见反映在考核评价结果之中。这一规定的主要目的，在于敦促公共图书馆运营管理者关注、反映和研究公众的需求、意见和建议，树立以人民为中心的工作导向，形成供需对接，提高服务的针对性和有效性，满足公众对美好生活的新期待。

三、考核结果应当向社会公布，并作为对公共图书馆给予补贴或奖励等的依据

本条是关于考核结果运用的规定，包括两个要点。

第一个要点是考核结果的发布方式，即必须向社会公布。对公共图书馆的考核是政府行为，考核结果理应根据《政府信息公开条例》中有关信息公开的要求，通过政府公报、政府网站、新闻发布会以及报刊、广播、电视等媒体或通过信息公告栏、电子信息屏设备等便于公众知晓的方式公开发布。

考核结果向社会公布，是政府和公共图书馆履职行为的基本体现，保障了公众的知情权，有助于提高公共图书馆运营管理的透明度，接受社会监督，有助于提升服务水平，改进工作问题，更好地满足社会公众的文化需求。

第二个要点是将考核结果作为对公共图书馆给予补贴

或奖励的依据。长期以来，我国各级政府对公共图书馆的考核评价，一般是自上而下的行政性考核评价，同时，考核评价结果与激励机制的关联性不大，考核评价的引领、激励、鞭策作用发挥不够充分。因此，为了强化考核的严肃性和针对性，必须注重考核结果的运用。将考核结果与补贴和奖励发放相挂钩，这是针对以往考核评价与激励机制关联性不大的改革，是公共图书馆法的一个重要突破。随着这一规定的全面落实，政府通过考核评价手段促进公共图书馆事业发展的作用将会充分释放，有助于进一步激发图书馆发展活力，从而提升图书馆服务质量和水平。

第四十八条　国家支持公共图书馆加强与学校图书馆、科研机构图书馆以及其他类型图书馆的交流与合作，开展联合服务。

国家支持学校图书馆、科研机构图书馆以及其他类型图书馆向社会公众开放。

条文解读

本条是鼓励各类型图书馆合作开展联合服务和支持其他类型图书馆向社会公众开放的规定。

在我国，除了公共图书馆之外，还有学校图书馆、科研机构图书馆等其他多种类型的图书馆。其中，学校图书馆主要指教育系统图书馆，包括教育部和各级教育行政部门主管的大、中、小学校图书馆（室）等；科研机构图书馆主要指科学研究系统图书馆，包括中国科学院、中国社会科学院、中国医学科学院、中国农业科学院等各专业研究机构所属的图书馆（室）等。其他系统的图书馆还有：(1) 工会系统图书馆，包括全国总工会及各级工会所领导的工人文化宫和各类企业所属的图书馆（室）；(2) 党校系统图书馆，包括中央党校和地方各级党校所属的图书馆；(3) 共青团系统图书馆，包括各级共青团组织所领导的青年宫、少年宫、少年之家图书馆（室）；(4) 军事系统图书馆，包括军事机关、军事科学研究部门、军事院校、部队医院及连队基层图书馆（室）；(5) 中央国家机关图书馆等。

长期以来，这些图书馆分别在相关领域收集、整理、保存文献信息并提供查询、借阅及相关服务。一方面，它们的馆藏和服务在各自领域有其特殊优势，但另一方面，其服务对象仅限于本单位用户，受益面有限，文献价值难以充分利用。本条规定国家支持公共图书馆与其他类型图书馆加强交流合作，开展联合服务，且支持其他类型图书馆向社会公众开放，对于避免资源浪费，扩大公共图书馆服务文献信息资源总量，提高公共图书馆服务覆盖范围，解决公共图书馆服务不平衡不充分问题具有重要意义。

一、支持公共图书馆与其他类型图书馆加强交流与合作，开展联合服务

公共图书馆加强与学校图书馆、科研机构图书馆以及其他类型图书馆之间的交流与合作，主要是为了提升公众查询和获取文献信息的效率，降低其成本。应坚持互利原则，在文献信息采集与提供、信息组织整理、人员培训、服务等方面广泛开展合作。图书馆之间的交流与合作，可以是短期的，也可以是长期的；交流与合作的区域可以是地方性的，也可以是全国性的。

联合服务，是指公共图书馆和学校图书馆、科研图书馆以及其他类型图书馆之间在自愿原则下开展馆际交流与合作的一种形式，通常情况下，参加联合服务的图书馆之间应当签订相应的合作协议，制定相应的管理制度，有时还要求有一定的专项经费。联合服务的主要形式有馆际互借、文献传递、馆藏互借、合作参考咨询、网上联合导航、联合开展阅读活动等。

二、支持其他类型图书馆向社会公众开放

近年来，国家先后颁布实施了一系列鼓励其他类型图书馆向社会开放的行政法规和管理制度。例如，2015 年教育部《普通高等学校图书馆规程》第四条规定，大学图书馆的主要任务之一是积极参与各种资源共建共享，发挥信息资源优势和专业服务优势，为社会服务；第三十六条规定，图书馆应加强各馆之间以及与其他类型图书馆之间的协作，开展馆际互借和文献传递、联合参考咨询等共享服务；第三十七条规定，图书馆应在保证校内服务和正常工作秩序的前提下，发挥资源和专业服务的优势，开展面向社会用户的服务。教育部《中小学图书馆（室）规程》(2018 年修订）第二十九条规定，图书馆应当积极与本地公共图书馆，特别是少年儿童图书馆、高等学校图书馆开展馆际合作，实现资源共享。各地教育行政部门要重视和加强乡镇中心学校图书馆建设，辐射周边小规模学校。在确保校园安全的前提下，有条件的学校可以探索向家长、社区有序开放。

学校图书馆、科研机构图书馆以及其他类型图书馆，大部分属于国有资产，在让本单位人员充分受益的基础上，进一步向社会公众开放，就近方便服务周边公众，既符合国有资产属性、提高资源利用效率，又丰富资源供给总量、满足公众特定需求，有助于解决文献信息服务不平衡不充分问题。需要强调的是，这些图书馆向社会开放，应当优先满足其主要服务对象的需求，因馆制宜采取适当的开放措施。

社会主义市场经济条件下，在鼓励特定单位图书馆向社会公众开放的同时，也应探索采取适当有效的激励措施和补偿机制。例如，可以将学校图书馆、科研机构图书馆以及其他类型图书馆面向公众开放纳入政府购买服务范畴，灵活采取购买服务、项目补贴、以奖代补等方式给予支持；也可以建立公共图书馆与其他类型图书馆互惠互利的合作机制，使学校图书馆、科研机构图书馆以及其他类型图书馆能够通过与公共图书馆联合开展面向社会公众的服务，从公共图书馆系统获得必要的文献、资金和技术支持，并从中受益。

第五章 法律责任

本章是关于各相关主体违反公共图书馆法应承担法律责任的规定。

本章共六条，分别规定了公共图书馆危害国家安全、损害社会公共利益所应承担的法律责任、公共图书馆未依法提供服务的法律责任、出版单位未按照国家有关规定交存正式出版物的法律责任、公共图书馆主管部门或者其他有关部门及其工作人员未依法履职的法律责任、造成公共图书馆财产损失或者其他损害的民事责任，以及违反公共图书馆法的规定应给予的治安管理处罚和应追究的刑事责任。

第四十九条　公共图书馆从事或者允许其他组织、个人在馆内从事危害国家安全、损害社会公共利益活动的，由文化主管部门责令改正，没收违法所得；情节严重的，可以责令停业整顿、关闭；对直接负责的主管人员和其他直接责任人员依法追究法律责任。

条文解读

本条是关于公共图书馆从事或者允许其他组织、个人在馆内从事危害国家安全、损害社会公共利益活动的法律责任的规定。

依据本法第三十七条第二款的规定，公共图书馆不得从事或者允许其他组织、个人在馆内从事危害国家安全、损害社会公共利益和其他违反法律法规的活动。本条规定了相应的法律责任。本条所指的公共图书馆的违法行为包括两种情况：一是公共图书馆自身从事危害国家安全、损害社会公共利益的活动；二是公共图书馆允许其他组织、个人在馆内从事危害国家安全、损害社会公共利益的活动。所以，公共图书馆在举办或允许其他组织、个人举办活动时，都要切实承担主体责任，认真甄别，审慎决定，必要时应征求文化主管部门的意见。

根据国家安全法第二条，国家安全是指国家政权、主权、统一和领土完整、人民福祉、经济社会可持续发展和国家其他重大利益相对处于没有危险和不受内外威胁的状态，以及保障持续安全状态的能力。公共图书馆在提供文献信息服务和提供空间设施设备服务时，从事或者允许其他组织、个人在馆内从事危害国家安全、损害社会公共利益活动的，如将国家有关部门明令禁止流通的危害国家安全的书刊资料提供借阅、流通；允许其他组织或个人利用图书馆的设备复制、制作危害国家安全的文字或音像制品；开展或允许其他组织或个人在图书馆开展宣扬错误思想和不良文化的活动；等等，都应追究其法律责任。

公共图书馆从事或者允许其他组织、个人在馆内从事危害国家安全、损害社会公共利益活动，但是又没有达到刑法犯罪的界限的，应当承担以下责任：一是由文化主管部门责令改正，没收违法所得。本条规定的责令改正的对象，是公共图书馆，提出责令改正的主体，是文化主管部门，“责令改正”就是要求文化主管部门在一定期限内纠正公共图书馆未履行公共文化服务职责的行为，以维持法定的秩序或者状态。这一行为具有事后救济性。二是情节严重的，可以责令停业整顿、关闭。文化主管部门根据情节严重程度，谨慎决定是否责令停业整顿、关闭，要尽量避免影响社会公众正常使用公共图书馆。

公共图书馆实施本条规定的违法行为的，采取双罚制，除了追究公共图书馆的法律责任，对直接负责的主管人员和其他直接责任人员也要依法追究法律责任。判断直接负责的主管人员主要看以下两方面：一是责任人是否对公共图书馆的违法行为存在直接责任；二是责任人是否具有公共图书馆主管人员的身份。其他责任人员指积极地直接实施违法行为并对公共图书馆违法行为起主要作用的单位成员。

第五十条　公共图书馆及其工作人员有下列行为

之一的，由文化主管部门责令改正，没收违法所得：

（一）违规处置文献信息；

（二）出售或者以其他方式非法向他人提供读者的个人信息、借阅信息以及其他可能涉及读者隐私的信息；

（三）向社会公众提供文献信息违反有关法律、行政法规的规定，或者向未成年人提供内容不适宜的文献信息；

（四）将设施设备场地用于与公共图书馆服务无关的商业经营活动；

（五）其他不履行本法规定的公共图书馆服务要求的行为。

公共图书馆及其工作人员对应当免费提供的服务收费或者变相收费的，由价格主管部门依照前款规定给予处罚。

公共图书馆及其工作人员有前两款规定行为的，对直接负责的主管人员和其他直接责任人员依法追究法律责任。

条文解读

本条是关于公共图书馆及其工作人员没有依法提供文献信息服务和设施设备场地服务的法律责任的规定。

公共图书馆及其工作人员没有依法提供文献信息服务和设施设备场地服务的行为有以下几种情形：

一、违规处置文献信息

本法第二十八条第一款规定，公共图书馆应当妥善保存馆藏文献信息，不得随意处置；确需处置的，应当遵守国务院文化主管部门有关处置文献信息的规定。本条所说的违规主要是指违反国务院文化主管部门有关处置文献信息的规定。公共图书馆的文献信息处置是一项高度专业性、科学性的工作，需要根据一定的原则和规则进行处置，公共图书馆及其工作人员处置文献信息时，如果未遵守国务院文化主管部门有关处置文献信息的规定，应由文化主管部门责令改正，没收违法所得。

二、出售或者以其他方式非法向他人提供读者的个人信息、借阅信息以及其他可能涉及读者隐私的信息

本法第四十三条规定，公共图书馆应当妥善保护读者的个人信息、借阅信息以及其他可能涉及读者隐私的信息，不得出售或者以其他方式非法向他人提供。违反国家有关规定，通过购买、收受、交换等方式获取公民个人信息，或者在履行职责、提供服务过程中收集公民个人信息的，属于刑法第二百五十三条之一第三款规定的“以其他方法非法获取公民个人信息”。非法获取、出售或者提供公民个人信息，违法所得5000元以上即可入罪。出售或者以其他方式非法向他人提供读者的个人信息、借阅信息以及其他可能涉及读者隐私的信息，但是又没有达到刑法犯罪的界限的，由文化主管部门责令改正，没收违法所得。

三、向社会公众提供文献信息违反有关法律、行政法规的规定，或者向未成年人提供内容不适宜的文献信息

本法第三十七条规定，公共图书馆向社会公众提供文献信息，应当遵守有关法律、行政法规的规定，不得向未成年人提供内容不适宜的文献信息。提供文献信息服务是公共图书馆的重要职责之一，而且，公共图书馆提供文献信息的内容应当遵守法律、行政法规的规定。未成年人身心还未成熟，对于文献信息缺乏一定的鉴别能力。因此，对于未成年人这一特殊群体，公共图书馆提供的文献信息还应当符合“内容适宜”的标准。未成年人保护法第三十二条规定，国家鼓励新闻、出版、信息产业、广播、电影、电视、文艺等单位和作家、艺术家、科学家以及其他公民，创作或者提供有利于未成年人健康成长的作品。出版、制作和传播专门以未成年人为对象的内容健康的图书、报刊、音像制品、电子出版物以及网络信息等，国家给予扶持。公共图书馆为未成年人提供文献信息服务时，应当遵循下列原则：尊重未成年人的人格尊严；适应未成年人身心发展的规律和特点；教育与保护相结合。

四、将设施设备场地用于与公共图书馆服务无关的商业经营活动

本法第二十九条第二款规定，公共图书馆的设施设备场地不得用于与其服务无关的商业经营活动。判断是否“用于与其服务无关的商业经营活动”，有两个标准：一是以营利为目的，二是与服务“无关”的商业经营活动。例如，出租公共图书馆的场地设施用于服装销售的情况，就属于将设施设备场地用于与公共图书馆服务无关的商业经营活动。

五、其他不履行本法规定的公共图书馆服务要求的行为

除了上述四种没有依法提供公共图书馆服务的行为之外，还有一些不履行本法规定的公共图书馆服务要求的行为也要承担法律责任：如未公开馆藏文献目录，未按开放时间要求开放，未对古籍进行保护，等等。这里，提供公共图书馆服务的责任主体是公共图书馆及其工作人员，依据是本法规定的公共图书馆服务要求的行为和其他行为，追究责任的原因是“不作为”，即本法规定了公共图书馆服务要求的行为，但是，公共图书馆及其工作人员没有依法提供。

公共图书馆及其工作人员有上述五类行为之一的，由文化主管部门责令改正，没收违法所得。

除了上述情形之外，本法还规定了两种特定行为的法律责任：（一）公共图书馆及其工作人员对应当免费提供的服务收费；（二）公共图书馆及其工作人员对应当免费提供的服务变相收费。

本法第三十三条第二款规定，公共图书馆应当免费向社会公众提供下列服务：文献信息查询、借阅；阅览室、自习室等公共空间设施场地开放；公益性讲座、阅读推广、培训、展览；国家规定的其他免费服务项目。上述服务属于应当免费提供的服务项目，公共图书馆及其工作人员不得收费或者变相收费。“变相收费”是指提供服务时附加条件，而附加条件与公共图书馆的运行与服务无直接关系，如以保证金、集资、赞助等形式变相收费。依据《中华人民共和国价格法》和《价格行政处罚程序规定》，公共图书馆对政府明令取消的收费项目继续收费的，违反规定以保证金、抵押金等形式变相收费的，则由价格主管部门责令改正，没收违法所得，并处违法所得 5 倍以下的罚款；没有违法所得的，处 5 万元以上 50 万元以下的罚款，情节较重的处 50 万元以上 200 万元以下的罚款；情节严重的，责令停业整顿。

公共图书馆及其工作人员实施第一款中规定的五类行为和第二款中规定的两类行为的，采取双罚制，除了追究公共图书馆的法律责任，对直接负责的主管人员和其他直接责任人员也要依法追究法律责任。判断直接负责的主管人员主要看以下两方面：一是责任人是否对公共图书馆的违法行为存在直接责任，二是责任人是否具有公共图书馆主管人员的身份。其他责任人员指积极地直接实施违法行为并对公共图书馆违法行为起主要作用的单位成员。

第五十一条 出版单位未按照国家有关规定交存正式出版物的，由出版主管部门依照有关出版管理的法律、行政法规规定给予处罚。

条文解读

本条是关于出版单位未按照国家规定交存正式出版物的法律责任。

本法第二十六条规定“出版单位应当按照国家有关规定向国家图书馆和所在地省级公共图书馆交存正式出版物”，这一规定对于国家层面和省级层面的出版物交存制度作出了法律规定。出版单位应当及时、完整地将正式出版物依法向国家图书馆和所在地省级图书馆交存。国家图书馆或省级图书馆应当对出版社送交的出版物依法进行登记、分类、编目、典藏工作。依据《出版管理条例》的规定，出版单位应当按照国家有关规定向国家图书馆、中国版本图书馆和国务院出版行政主管部门免费送交样本。如果出版单位未依照本条例的规定送交出版物的样本的，由出版行政主管部门责令改正，给予警告；情节严重的，责令限期停业整顿或者由原发证机关吊销许可证。依据《音像制品管理条例》的规定，音像出版单位应当按照国家有关规定向国家图书馆、中国版本图书馆和国务院出版行政主管部门免费送交样本。如果音像出版单位未依照本条例的规定送交样本的，由出版行政主管部门责令改正，给予警告；

情节严重的，并责令停业整顿或者由原发证机关吊销许可证。《图书出版管理规定》《报纸出版管理规定》《期刊出版管理规定》《音像制品出版管理规定》《电子出版物出版管理规定》以及各地关于图书馆的立法中均有交存正式出版物的相关规定。因此，正式出版的文字作品、音乐作品、电影电视录像作品、计算机软件及其他作品，出版单位应当按照相关规定交存正式出版物。本法实施后，国务院有关部门将启动有关法律法规的制定修订工作。

出版单位按规定交存正式出版物，国家图书馆和省级公共图书馆保存正式出版物，本条规定交存的责任主体是正式出版物的出版单位，因此，处罚对象是出版单位，而实施处罚的主体是出版行政主管部门。处罚依据是规定出版物、音像制品等正式出版物交存制度的法律和行政法规。处罚形式包括：责令改正，给予警告；情节严重的，责令限期停业整顿或者由原发证机关吊销许可证。

第五十二条　文化主管部门或者其他有关部门及其工作人员在公共图书馆管理工作中滥用职权、玩忽职守、徇私舞弊的，对直接负责的主管人员和其他直接责任人员依法给予处分。

条文解读

本条规定了文化主管部门或者其他有关部门及其工作

人员在公共图书馆管理工作中滥用职权、玩忽职守、徇私舞弊的法律责任。

本法第五条规定，国务院文化主管部门负责全国公共图书馆的管理工作。国务院其他有关部门在各自职责范围内负责与公共图书馆管理有关的工作。县级以上地方人民政府文化主管部门负责本行政区域内公共图书馆的管理工作。县级以上地方人民政府其他有关部门在各自职责范围内负责本行政区域内与公共图书馆管理有关的工作。该条明确了文化主管部门对公共图书馆的管理责任。而其他有关部门如财政部门、民政部门、新闻出版管理部门、价格主管部门等也承担着对公共图书馆的相应管理工作。

本条要求公共图书馆的相关行政管理部门依法履行职责，忠于职守。在对公共图书馆的管理工作中，如果出现滥用职权、玩忽职守、徇私舞弊的行为，可以追究其法律责任。滥用职权，是指违反法律规定的职责权限和程序，滥用、超越职权的行为。玩忽职守，是指不依法履行法律所赋予的职权，违法失职、贻误工作。徇私舞弊，是指使用欺骗的方法，恶意规避法律、违法乱纪，牟取个人私利。

根据公务员法第五十三条的规定，公务员必须遵纪守法，不得有玩忽职守、滥用职权等行为，否则依法予以行政处分。本条所指的滥用职权、玩忽职守、徇私舞弊，属于情节轻微，造成损失不大的一般违法行为，可以追究行政责任。根据《行政机关公务员处分条例》的规定，有以下行为之一的，给予记过、记大过处分；情节较重的，给予降级或者撤职处分；情节严重的，给予开除处分：不依法履行职责，致使公共图书馆可以避免的爆炸、火灾、传染病传播流行、严重环境污染、严重人员伤亡等重大事故或者群体性事件发生的；公共图书馆发生重大事故、灾害、事件或者重大刑事案件、治安案件，不按规定报告、处理的；对专项款物疏于管理，致使款物被贪污、挪用，或者毁损、灭失的；其他玩忽职守、贻误工作的行为。

本条规定的处分对象，是文化主管部门或者其他有关部门在公共图书馆管理工作中有滥用职权、玩忽职守、徇私舞弊等违法行为的直接负责的主管人员和其他直接责任人员。实施处分的主体，是上述人员的任免机关或者监察机关。给予行政处分，就是按照公务员法的规定给予处分。行政处分属于内部行政行为，是国家行政机关对其系统内部违法失职的公务员实施的一种惩戒措施，由行政主体基于行政隶属关系依法作出。它具有强烈的约束力，管理相对人不服，行政主体可以强制执行。行政处分种类有六种，分别是警告、记过、记大过、降级、撤职、开除。如果滥用职权、玩忽职守、徇私舞弊，致使公共财产、国家和人民利益遭受重大损失的，则依法构成犯罪。

第五十三条　损坏公共图书馆的文献信息、设施设备或者未按照规定时限归还所借文献信息，造

成财产损失或者其他损害的，依法承担民事责任。

条文解读

本条规定了违反本法规定造成公共图书馆财产损失或其他损害所应承担的民事责任。

按照本法第三十三条第二款规定，公共图书馆应当免费向社会公众提供文献信息查询、借阅；阅览室、自习室等公共空间设施场地开放等服务，读者在公共图书馆借阅文献信息属于合同行为，读者与图书馆形成借阅合同，个人、组织使用公共图书馆的设施设备也属于合同行为，使用者与图书馆形成借用合用，其行为应当受到合同法的规制。合同的一方当事人为公共图书馆文献信息的借阅者或设施设备场地的使用者，另一方当事人为公共图书馆。民事责任包括侵权责任和违约责任。

一、侵权责任

民法总则第一百八十六条规定，因当事人一方的违约行为，损害对方人身权益、财产权益的，受损害方有权选择请求其承担违约责任或者侵权责任。侵权责任法第六条规定：行为人因过错侵害他人民事权益，应当承担侵权责任。根据法律规定推定行为人有过错，行为人不能证明自己没有过错的，应当承担侵权责任。判断是否存在侵权责任主要看以下几个方面：第一，客观上，公共图书馆的文献信息、设施设备存在损害后果，这是确定侵权责任的首要的、必要的条件。这里的“损害”是指因一方当事人的行为而导致公共图书馆的文献信息、设施设备的财产方面的合法权益所遭受的不利后果。第二，一方当事人的行为与公共图书馆的文献信息、设施设备的损害后果之间存在因果关系，即行为是导致损害的原因，损害是行为的必然结果。如破坏馆内公共设施和环境的行为，不按相关规程操作计算机、查询机和其他设备的行为，违规使用电子资源的行为，勾画、污损图书馆书刊资料的行为，等等。这些行为和文献信息、设施设备的损害后果存在因果关系。第三，从主观条件看，公共图书馆的文献信息、设施设备的使用者存在过错。第四，公共图书馆的文献信息、设施设备的使用者的行为的违法性包括形式的违法和实质的违法。

二、违约责任

根据合同法关于违约的规定，当事人一方不履行合同义务或者履行合同义务不符合约定的，应当承担继续履行、采取补救措施或赔偿损失等违约责任。与损坏公共图书馆的文献信息、设施设备相关的违约责任具有以下几个法律特征：第一，违约责任是当事人一方履行不符合合同约定或法律规定时所产生的民事责任。当文献信息的借阅人损坏了公共图书馆的文献信息，或者未按照规定时限归还所借文献信息时，说明一方当事人违反了借阅合同，当设施设备的使用者损坏了设施设备时，说明一方当事人违反了租赁合同或借用合用的合同义务，由此，产生违约责任。第二，违约责任是财产责任。借阅合同中违约责任的主要目的是补偿因文献信息、设施设备损坏而造成的财产损失，或者未按照规定时限归还所借文献信息而造成的财产损失，而不适用于赔礼道歉等非财产性民事责任形式。第三，违约责任具有补偿性和相对性。违约责任的主要目的在于补偿公共图书馆因当事人一方的损坏行为或延迟归还所借文献信息所遭受的损失。违约责任的相对性，是指违约责任只能在特定的当事人之间产生，合同关系以外的第三人，不负违约责任。损害赔偿以赔偿公共图书馆因违约行为而遭受的全部损害为原则。第四，违约责任具有法定性和任意性的双重法律特征。违约责任尽管是以法律的强制性为其后盾，但是具有一定的任意性。在违约责任的承担方面，合同法第一百一十三条规定，当事人一方不履行合同义务或履行合同义务不符合约定，给对方造成损失的，损失赔偿额应相当于因违约所造成的损失，包括合同履行后可以获得的利益。当事人订立合同时，可以预先约定一方当事人在违约时应向对方当事人支付一定数额的金钱。这种方式可以对违约赔偿的范围和数额进行约定，也可以对损害赔偿的计算方法进行约定，甚至可以约定具体数额。因此，实践中，公共图书馆应当制定关于损坏文献信息和设施设备以及未按照规定时限归还所借文献信息的赔偿责任，包括具体的赔偿范围和数额等。对于损坏的文献信息，公共图书馆可以允许读者从正规渠道购买相同的文献信息归还，只需付少量加工费，但如果读者无法赔偿与所损坏的文献信息一致的图书，那么图书馆可提前约定赔偿的范围和数额。对于珍贵的文献信息，多倍赔偿等也是符合法律规定的。因为，在合同违约的情况下，法律责令另一方承担违约责任其重要的目的就在于使受害人所受损失及时得到恢复或补救，从而维护当事人利益的平衡。

第五十四条　违反本法规定，构成违反治安管理行为的，依法给予治安管理处罚；构成犯罪的，依法追究刑事责任。

条文解读

本条是关于违反本法规定而应承担的治安管理处罚责任和刑事责任的规定。包括以下两种情形：

一、违反本法规定，构成违反治安管理行为的

治安管理处罚法第二条规定，扰乱公共秩序，妨害公共安全，侵犯人身权利、财产权利，妨害社会管理，具有社会危害性，依照《中华人民共和国刑法》的规定构成犯罪的，依法追究刑事责任；尚不够刑事处罚的，由公安机关依照本法给予治安管理处罚。治安管理处罚的种类包括警告、罚款、行政拘留、吊销公安机关发放的许可证等。公共图书馆是重要的公共文化设施，因此，公共图书馆的公共秩序和公共安全需要维护，不得破坏公共图书馆的文献信息、设施设备。公共文化服务保障法第二十六条规定，公众在使用公共文化设施时，应当遵守公共秩序，爱护公共设施，不得损坏公共设施设备和物品。公共图书馆法第四十四条规定，读者应当遵守公共图书馆的相关规定，自觉维护公共图书馆秩序，爱护公共图书馆的文献信息、设施设备，合法利用文献信息；借阅文献信息的，应当按照规定时限归还。对破坏公共图书馆文献信息、设施设备，或者扰乱公共图书馆秩序的，公共图书馆工作人员有权予以劝阻、制止；经劝阻、制止无效的，公共图书馆可以停止为其提供服务。根据治安管理处罚法第二十三条的规定，扰乱机关、团体、企业、事业单位秩序，致使工作、生产、营业、医疗、教学、科研不能正常进行，尚未造成严重损失的，或者扰乱车站、港口、码头、机场、商场、公园、展览馆或者其他公共场所秩序的，处警告或者二百元以下罚款；情节较重的，处五日以上十日以下拘留，可以并处五百元以下罚款。

二、违反本法规定，构成犯罪的

违反本法规定，构成犯罪的，则要追究刑事责任。刑事责任指行为人实施刑事法律禁止的行为所必须承担的法律后果。负刑事责任意味着应受刑罚处罚，刑罚包括管制、拘役、有期徒刑、无期徒刑和死刑等主刑，也包括罚金、剥夺政治权利和没收财产等附加刑。违法本法规定，构成犯罪的，包括但不限于以下几种情况。

（一）玩忽职守罪

县级以上人民政府、文化主管部门或其他有关部门及其工作人员滥用职权、玩忽职守、徇私舞弊，致使公共财产、国家和人民利益遭受重大损失的，构成犯罪。根据刑法第三百九十七条规定，国家机关工作人员滥用职权或者玩忽职守，致使公共财产、国家和人民利益遭受重大损失的，处三年以下有期徒刑或者拘役；情节特别严重的，处三年以上七年以下有期徒刑。本法另有规定的，依照规定。国家机关工作人员徇私舞弊，犯前款罪的，处五年以下有期徒刑或者拘役；情节特别严重的，处五年以上十年以下有期徒刑。本法另有规定的，依照规定。根据刑法规定，构成本条的犯罪，除主体是国家机关工作人员以外，还须具备以下条件：一是实施了滥用职权、玩忽职守、徇私舞弊的行为；二是滥用职权、玩忽职守或者徇私舞弊的行为致使公共财产、国家和人民利益遭受重大损失的后果。

（二）侵犯知识产权罪

公共图书馆侵犯著作权人的知识产权的，情节严重的，构成犯罪。依据刑法第二百一十七条规定，以营利为目的，有下列侵犯著作权情形之一，违法所得数额较大或者有其他严重情节的，处三年以下有期徒刑或者拘役，并处或者单处罚金；违法所得数额巨大或者有其他特别严重情节的，处三年以上七年以下有期徒刑，并处罚金；未经著作权人许可，复制发行其文字作品、音乐、电影、电视、录像作品、计算机软件及其他作品的；出版他人享有专有出版权的图书的；未经录音录像制作者许可，复制发行其制作的录音录像的；制作、出售假冒他人署名的美术作品的。侵犯知识产权罪的客观要件表现为未经著作权人同意，侵犯他人专有权利；侵犯知识产权罪的主观方面只能是故意，而不能由过失构成；违法行为具有社会危害性，社会危害性表现为违法所得数额较大、巨大或者有其他严重、特别严重情节。如果侵权行为未造成违法所得数额较大、巨大或者情节严重，就不构成犯罪。

（三）侵犯公民个人信息罪

公共图书馆及其工作人员侵犯公民个人信息的，情节严重的，则构成犯罪。依据刑法修正案九的规定，违反国家有关规定，向他人出售或者提供公民个人信息，情节严重的，处三年以下有期徒刑或者拘役，并处或者单处罚金；情节特别严重的，处三年以上七年以下有期徒刑，并处罚金。违反国家有关规定，将在履行职责或者提供服务过程中获得的公民个人信息，出售或者提供给他人的，依照前款的规定从重处罚。依照刑法规定，构成本罪的条件包括：主体是公共图书馆及其工作人员；客观方面表现为违反国家规定，出售或者非法提供信息给他人；犯罪对象是指在履行职责或者提供服务过程中可以获得的公民个人信息，一般包括姓名、住址、电话、身份证号、个人身份或房地产权证件复印件、个人履历等；必须是情节严重的行为才构成犯罪。

（四）危害国家安全罪

危害国家安全罪。公共图书馆涉及危害国家安全的行为一般包括以下几种情形：一是国家有关部门明令禁止流通的危害国家安全的书刊资料，图书馆应妥善保管，不能让其流通；二是图书馆的设备不得复制、制作危害国家安全的作品。依据刑法第一百零三条第二款，煽动分裂国家、破坏国家统一的，处五年以下有期徒刑、拘役、管制或者剥夺政治权利；首要分子或者罪行重大的，处五年以上有期徒刑。《最高人民法院关于审理非法出版物刑事案件具体应用法律若干问题的解释》第一条规定，明知出版物中载有煽动分裂国家、破坏国家统一或者煽动颠覆国家政权、推翻社会主义制度的内容，而予以出版、印刷、复制、发行、传播的，依照刑法第一百零三条第二款或者第一百零五条第二款的规定，以煽动分裂国家罪或者煽动颠覆国家政权罪定罪处罚。公共图书馆的工作人员明知出版物中载有危害国家安全的内容，没有妥善保管，而让出版物进入流通领域，则要追究其刑事责任。构成危害国家安全罪的，主观上必须是故意，即行为人必须具有明知自己的行为会发生危害国家安全的结果，并且希望或者放任这种结果发生的心理态度。客观上实施了危害中华人民共和国国家安全的行为，如禁止流通的书刊资料得到流通，并由此造成了危害中国国家安全的客观结果。

（五）故意泄露国家秘密罪

公共图书馆及其工作人员故意泄露国家秘密，情节严重的，则构成犯罪。依据刑法第三百九十八条第一款的规定，国家机关工作人员违反保守国家秘密法的规定，故意泄露国家秘密，情节严重的，处三年以下有期徒刑或者拘役；情节特别严重的，处三年以上七年以下有期徒刑。公共图书馆对于保密资料应该妥善保管，防止有人利用这些资料获取国家机密。公共图书馆的工作人员故意泄露国家秘密，情节严重的，则要追究其刑事责任。根据刑法规定，构成本条的犯罪，除主体是国家工作人员外，还须具备以下条件：一是主观上故意。二是客观上有泄露国家秘密的行为，所谓泄露，就是行为人把自己掌管的或者知道的国家秘密让不应该知道的人知道。泄露行为的方式可以是多种多样的，可以是口头泄露，也可以是书面泄露；可以是用交实物的方法泄露，也可以是用密写、影印、拍摄、复制等方法泄露。三是达到情节严重的程度。情节严重应从泄露国家秘密的密级程度、泄露的次数、时间、后果等全方面地判断。

第六章　附　　则

第五十五条　本法自 2018 年 1 月 1 日起施行。

条文解读

本条是关于法律施行日期的规定。

法律的施行日期就是法律的生效时间。立法法第五十七条规定，法律应当明确规定施行日期。明确施行日期是法律得到有效实施的必要前提。我国法律关于施行日期的规定，主要有两种情况：一是规定在法律通过以后的一段时间才施行。二是规定法律自公布之日起施行。本法属于第一种情形，其通过的时间是 2017 年 11 月 4 日，施行时间是 2018 年 1 月 1 日，有关公共图书馆运行、管理的主体应当自 2018 年 1 月 1 日起，依照本法履行各项义务，行使各项权利。从通过到施行近两个月的时间，可以为本法的顺利实施做准备。在本法实施之前，相关部门需要完成以下任务：

一是理顺本法与现行相关法律、法规、规章、办法、规定等规范文件的关系。公共文化服务保障法于 2017 年 3

月1日起正式施行，而发展公共图书馆事业，是完善公共文化服务体系的重要内容，本法与同位阶的公共文化服务保障法、公益事业捐赠法等法律的关系，应遵循“新法优于旧法”的原则。与行政法规、规章、办法、规定等的关系，应遵循“上位法优于下位法”的原则。比如《公共文化体育设施条例》《博物馆条例》等，如与本法有抵触，要根据本法的规定予以修改。

二是本法规定的一些措施制度需要配套规定具体化，相关政府与部门应及时制定有关配套文件。例如，本法第四条规定，县级以上人民政府应当将公共图书馆事业纳入本级国民经济和社会发展规划，将公共图书馆建设纳入城乡规划和土地利用总体规划，加大对政府设立的公共图书馆的投入，将所需经费列入本级政府预算，并及时、足额拨付。国家鼓励公民、法人和其他组织自筹资金设立公共图书馆。县级以上人民政府应当积极调动社会力量参与公共图书馆建设，并按照国家有关规定给予政策扶持。本法第十四条规定，县级以上人民政府应当设立公共图书馆。地方人民政府应当充分利用乡镇（街道）和村（社区）的综合服务设施设立图书室，服务城乡居民。因此，各级人民政府与相关部门需要抓紧制定出台配套规章文件。

三是要做好法律的宣传普及工作。公共图书馆法涉及公民基本文化权益和基本文化需求的实现，公共图书馆是社会主义公共文化服务体系的重要组成部分，公共图书馆与社会公众的阅读活动息息相关，因此，公共图书馆的设立、运行与服务会牵涉到国家和社会的多个方面，有关部门与社会应做好宣传、普及工作，为法律施行创造条件。

此外，法律的施行时间还涉及法律对其施行前的行为的溯及力的问题。我国法律除明确规定可溯及既往的情况以外，一般没有溯及力。本法对于溯及力问题未作规定，因此，对于本法施行以前的行为，不适用本法的规定。

附录一

法律原文

中华人民共和国公共图书馆法

（2017年11月4日第十二届全国人民代表大会常务委员会第三十次会议通过　根据2018年10月26日第十三届全国人民代表大会常务委员会第六次会议《关于修改〈中华人民共和国野生动物保护法〉等十五部法律的决定》修正）

目　　录

第一章　总　　则

第一条　为了促进公共图书馆事业发展，发挥公共图书馆功能，保障公民基本文化权益，提高公民科学文化素质和社会文明程度，传承人类文明，坚定文化自信，制定本法。

第二条 本法所称公共图书馆，是指向社会公众免费开放，收集、整理、保存文献信息并提供查询、借阅及相关服务，开展社会教育的公共文化设施。

前款规定的文献信息包括图书报刊、音像制品、缩微制品、数字资源等。

第三条 公共图书馆是社会主义公共文化服务体系的重要组成部分，应当将推动、引导、服务全民阅读作为重要任务。

公共图书馆应当坚持社会主义先进文化前进方向，坚持以人民为中心，坚持以社会主义核心价值观为引领，传承发展中华优秀传统文化，继承革命文化，发展社会主义先进文化。

第四条 县级以上人民政府应当将公共图书馆事业纳入本级国民经济和社会发展规划，将公共图书馆建设纳入城乡规划和土地利用总体规划，加大对政府设立的公共图书馆的投入，将所需经费列入本级政府预算，并及时、足额拨付。

国家鼓励公民、法人和其他组织自筹资金设立公共图书馆。县级以上人民政府应当积极调动社会力量参与公共图书馆建设，并按照国家有关规定给予政策扶持。

第五条 国务院文化主管部门负责全国公共图书馆的管理工作。国务院其他有关部门在各自职责范围内负责与公共图书馆管理有关的工作。

县级以上地方人民政府文化主管部门负责本行政区域内公共图书馆的管理工作。县级以上地方人民政府其他有关部门在各自职责范围内负责本行政区域内与公共图书馆管理有关的工作。

第六条 国家鼓励公民、法人和其他组织依法向公共图书馆捐赠，并依法给予税收优惠。

境外自然人、法人和其他组织可以依照有关法律、行政法规的规定，通过捐赠方式参与境内公共图书馆建设。

第七条 国家扶持革命老区、民族地区、边疆地区和贫困地区公共图书馆事业的发展。

第八条 国家鼓励和支持发挥科技在公共图书馆建设、管理和服务中的作用，推动运用现代信息技术和传播技术，提高公共图书馆的服务效能。

第九条 国家鼓励和支持在公共图书馆领域开展国际交流与合作。

第十条 公共图书馆应当遵守有关知识产权保护的法律、行政法规规定，依法保护和使用文献信息。

馆藏文献信息属于文物、档案或者国家秘密的，公共图书馆应当遵守有关文物保护、档案管理或者保守国家秘密的法律、行政法规规定。

第十一条 公共图书馆行业组织应当依法制定行业规范，加强行业自律，维护会员合法权益，指导、督促会员提高服务质量。

第十二条 对在公共图书馆事业发展中作出突出贡献的组织和个人，按照国家有关规定给予表彰和奖励。

第二章 设　　立

第十三条 国家建立覆盖城乡、便捷实用的公共图书馆服务网络。公共图书馆服务网络建设坚持政府主导，鼓励社会参与。

县级以上地方人民政府应当根据本行政区域内人口数量、人口分布、环境和交通条件等因素，因地制宜确定公共图书馆的数量、规模、结构和分布，加强固定馆舍和流动服务设施、自助服务设施建设。

第十四条 县级以上人民政府应当设立公共图书馆。

地方人民政府应当充分利用乡镇（街道）和村（社区）的综合服务设施设立图书室，服务城乡居民。

第十五条 设立公共图书馆应当具备下列条件：

（一）章程；

（二）固定的馆址；

（三）与其功能相适应的馆舍面积、阅览座席、文献信息和设施设备；

（四）与其功能、馆藏规模等相适应的工作人员；

（五）必要的办馆资金和稳定的运行经费来源；

（六）安全保障设施、制度及应急预案。

第十六条 公共图书馆章程应当包括名称、馆址、办馆宗旨、业务范围、管理制度及有关规则、终止程序和剩余财产的处理方案等事项。

第十七条 公共图书馆的设立、变更、终止应当按照国家有关规定办理登记手续。

第十八条 省、自治区、直辖市人民政府文化主管部门应当在其网站上及时公布本行政区域内公共图书馆的名称、馆址、联系方式、馆藏文献信息概况、主要服务内容和方式等信息。

第十九条 政府设立的公共图书馆馆长应当具备相应的文化水平、专业知识和组织管理能力。

公共图书馆应当根据其功能、馆藏规模、馆舍面积、服务范围及服务人口等因素配备相应的工作人员。公共图书馆工作人员应当具备相应的专业知识与技能，其中专业技术人员可以按照国家有关规定评定专业技术职称。

第二十条 公共图书馆可以以捐赠者姓名、名称命名文献信息专藏或者专题活动。

公民、法人和其他组织设立的公共图书馆，可以以捐赠者的姓名、名称命名公共图书馆、公共图书馆馆舍或者其他设施。

以捐赠者姓名、名称命名应当遵守有关法律、行政法规的规定，符合国家利益和社会公共利益，遵循公序良俗。

第二十一条 公共图书馆终止的，应当依照有关法律、行政法规的规定处理其剩余财产。

第二十二条 国家设立国家图书馆，主要承担国家文献信息战略保存、国家书目和联合目录编制、为国家立法和决策服务、组织全国古籍保护、开展图书馆发展研究和国际交流、为其他图书馆提供业务指导和技术支持等职能。国家图书馆同时具有本法规定的公共图书馆的功能。

第三章 运 行

第二十三条 国家推动公共图书馆建立健全法人治理结构，吸收有关方面代表、专业人士和社会公众参与管理。

第二十四条 公共图书馆应当根据办馆宗旨和服务对象的需求，广泛收集文献信息；政府设立的公共图书馆还应当系统收集地方文献信息，保存和传承地方文化。

文献信息的收集应当遵守有关法律、行政法规的规定。

第二十五条 公共图书馆可以通过采购、接受交存或者捐赠等合法方式收集文献信息。

第二十六条 出版单位应当按照国家有关规定向国家图书馆和所在地省级公共图书馆交存正式出版物。

第二十七条 公共图书馆应当按照国家公布的标准、规范对馆藏文献信息进行整理，建立馆藏文献信息目录，并依法通过其网站或者其他方式向社会公开。

第二十八条 公共图书馆应当妥善保存馆藏文献信息，不得随意处置；确需处置的，应当遵守国务院文化主管部门有关处置文献信息的规定。

公共图书馆应当配备防火、防盗等设施，并按照国家有关规定和标准对古籍和其他珍贵、易损文献信息采取专门的保护措施，确保安全。

第二十九条 公共图书馆应当定期对其设施设备进行检查维护，确保正常运行。

公共图书馆的设施设备场地不得用于与其服务无关的商业经营活动。

第三十条 公共图书馆应当加强馆际交流与合作。国家支持公共图书馆开展联合采购、联合编目、联合服务，实现文献信息的共建共享，促进文献信息的有效利用。

第三十一条 县级人民政府应当因地制宜建立符合当地特点的以县级公共图书馆为总馆，乡镇（街道）综合文化站、村（社区）图书室等为分馆或者基层服务点的总分馆制，完善数字化、网络化服务体系和配送体系，实现通借通还，促进公共图书馆服务向城乡基层延伸。总馆应当加强对分馆和基层服务点的业务指导。

第三十二条 公共图书馆馆藏文献信息属于档案、文物的，公共图书馆可以与档案馆、博物馆、纪念馆等单位相互交换重复件、复制件或者目录，联合举办展览，共同编辑出版有关史料或者进行史料研究。

第四章 服 务

第三十三条 公共图书馆应当按照平等、开放、共享的要求向社会公众提供服务。

公共图书馆应当免费向社会公众提供下列服务：

（一）文献信息查询、借阅；

（二）阅览室、自习室等公共空间设施场地开放；

（三）公益性讲座、阅读推广、培训、展览；

（四）国家规定的其他免费服务项目。

第三十四条 政府设立的公共图书馆应当设置少年儿童阅览区域，根据少年儿童的特点配备相应的专业人员，开展面向少年儿童的阅读指导和社会教育活动，并为学校开展有关课外活动提供支持。有条件的地区可以单独设立少年儿童图书馆。

政府设立的公共图书馆应当考虑老年人、残疾人等群体的特点，积极创造条件，提供适合其需要的文献信息、无障碍设施设备和服务等。

第三十五条 政府设立的公共图书馆应当根据自身条件，为国家机关制定法律、法规、政策和开展有关问题研究，提供文献信息和相关咨询服务。

第三十六条 公共图书馆应当通过开展阅读指导、读书交流、演讲诵读、图书互换共享等活动，推广全民阅读。

第三十七条 公共图书馆向社会公众提供文献信息，应当遵守有关法律、行政法规的规定，不得向未成年人提供内容不适宜的文献信息。

公共图书馆不得从事或者允许其他组织、个人在馆内从事危害国家安全、损害社会公共利益和其他违反法律法规的活动。

第三十八条 公共图书馆应当通过其网站或者其他方式向社会公告本馆的服务内容、开放时间、借阅规则等；因故闭馆或者更改开放时间的，除遇不可抗力外，应当提前公告。

公共图书馆在公休日应当开放，在国家法定节假日应当有开放时间。

第三十九条 政府设立的公共图书馆应当通过流动服务设施、自助服务设施等为社会公众提供便捷服务。

第四十条 国家构建标准统一、互联互通的公共图书馆数字服务网络，支持数字阅读产品开发和数字资源保存技术研究，推动公共图书馆利用数字化、网络化技术向社会公众提供便捷服务。

政府设立的公共图书馆应当加强数字资源建设、配备相应的设施设备，建立线上线下相结合的文献信息共享平台，为社会公众提供优质服务。

第四十一条 政府设立的公共图书馆应当加强馆内古籍的保护，根据自身条件采用数字化、影印或者缩微技术等推进古籍的整理、出版和研究利用，并通过巡回展览、公益性讲座、善本再造、创意产品开发等方式，加强古籍宣传，传承发展中华优秀传统文化。

第四十二条 公共图书馆应当改善服务条件、提高服务水平，定期公告服务开展情况，听取读者意见，建立投诉渠道，完善反馈机制，接受社会监督。

第四十三条 公共图书馆应当妥善保护读者的个人信息、借阅信息以及其他可能涉及读者隐私的信息，不得出售或者以其他方式非法向他人提供。

第四十四条 读者应当遵守公共图书馆的相关规定，自觉维护公共图书馆秩序，爱护公共图书馆的文献信息、设施设备，合法利用文献信息；借阅文献信息的，应当按照规定时限归还。

对破坏公共图书馆文献信息、设施设备，或者扰乱公共图书馆秩序的，公共图书馆工作人员有权予以劝阻、制止；经劝阻、制止无效的，公共图书馆可以停止为其提供服务。

第四十五条 国家采取政府购买服务等措施，对公民、法人和其他组织设立的公共图书馆提供服务给予扶持。

第四十六条 国家鼓励公民参与公共图书馆志愿服务。县级以上人民政府文化主管部门应当对公共图书馆志愿服务给予必要的指导和支持。

第四十七条 国务院文化主管部门和省、自治区、直辖市人民政府文化主管部门应当制定公共图书馆服务规范，对公共图书馆的服务质量和水平进行考核。考核应当吸收社会公众参与。考核结果应当向社会公布，并作为对公共图书馆给予补贴或者奖励等的依据。

第四十八条 国家支持公共图书馆加强与学校图书馆、科研机构图书馆以及其他类型图书馆的交流与合作，开展联合服务。

国家支持学校图书馆、科研机构图书馆以及其他类型图书馆向社会公众开放。

第五章 法律责任

第四十九条 公共图书馆从事或者允许其他组织、个人在馆内从事危害国家安全、损害社会公共利益活动的，由文化主管部门责令改正，没收违法所得；情节严重的，可以责令停业整顿、关闭；对直接负责的主管人员和其他直接责任人员依法追究法律责任。

第五十条 公共图书馆及其工作人员有下列行为之一的，由文化主管部门责令改正，没收违法所得：

（一）违规处置文献信息；

（二）出售或者以其他方式非法向他人提供读者的个人信息、借阅信息以及其他可能涉及读者隐私的信息；

（三）向社会公众提供文献信息违反有关法律、行政法规的规定，或者向未成年人提供内容不适宜的文献信息；

（四）将设施设备场地用于与公共图书馆服务无关的商业经营活动；

（五）其他不履行本法规定的公共图书馆服务要求的行为。

公共图书馆及其工作人员对应当免费提供的服务收费或者变相收费的，由价格主管部门依照前款规定给予处罚。

公共图书馆及其工作人员有前两款规定行为的，对直接负责的主管人员和其他直接责任人员依法追究法律责任。

第五十一条 出版单位未按照国家有关规定交存正式出版物的，由出版主管部门依照有关出版管理的法律、行政法规规定给予处罚。

第五十二条 文化主管部门或者其他有关部门及其工作人员在公共图书馆管理工作中滥用职权、玩忽职守、徇私舞弊的，对直接负责的主管人员和其他直接责任人员依法给予处分。

第五十三条 损坏公共图书馆的文献信息、设施设备或者未按照规定时限归还所借文献信息，造成财产损失或者其他损害的，依法承担民事责任。

第五十四条 违反本法规定，构成违反治安管理行为的，依法给予治安管理处罚；构成犯罪的，依法追究刑事责任。

第六章 附 则

第五十五条 本法自 2018 年 1 月 1 日起施行。

附录二

立法背景资料

关于《中华人民共和国公共图书馆法（草案）》的说明

——2017年6月22日在第十二届全国人民代表大会常务委员会第二十八次会议上

文化部部长　雒树刚

委员长、各位副委员长、秘书长、各位委员：

我受国务院委托，现对《中华人民共和国公共图书馆法（草案）》作说明。

公共图书馆是传承人类文明、传播先进文化、开展社会教育的重要场所，是公共文化服务体系的重要组成部分，对满足公民精神文化需求、提高公民科学文化素质和社会文明程度有重要作用。新中国成立后，尤其是改革开放以来，党中央、国务院高度重视公共图书馆事业发展，我国逐步建立起了国家、省、市、县四级公共图书馆系统。截至2015年底，我国共有政府设立的公共图书馆3139个，在民政部门登记的公民、企事业单位、社会团体或者其他组织设立的公共图书馆50个。公共图书馆通过开放公共空间设施场地，开展公益性讲座、培训，提供文献信息查询、借阅服务等，为我国公共文化服务体系和学习型社会建设作出了重大贡献，但与建设社会主义文化强国的要求还明显不相适应：一是公共图书馆的服务体系建设有待加强，布局有待优化；二是公共图书馆组织管理制度有待健全，有关管理要求需要明确；三是公共图书馆的服务功能和积极作用有待进一步发挥；四是各方力量共同参与公共图书馆事业的积极性有待进一步调动。为此，有必要加强顶层设计和制度建设，将公共图书馆事业发展纳入法治轨道。

为了切实解决上述问题，促进公共图书馆事业发展，文化部在深入调查研究、总结实践经验、广泛听取意见的基础上，起草了《中华人民共和国公共图书馆法（送审稿）》（以下简称送审稿）。法制办收到送审稿后，多次书面征求中央有关单位、地方政府及专家意见，并在互联网上向社会公开征求意见，到有关地方调研，会同文化部对送审稿反复研究、修改，形成了《中华人民共和国公共图书馆法（草案）》（以下简称草案）。草案已经国务院第169次常务会议讨论通过，主要内容包括：

一、加强公共图书馆服务体系建设

为了扩大和优化公共图书馆服务的有效覆盖范围，使更多人享受到公共图书馆服务，草案作了以下规定：一是县级以上人民政府应当将公共图书馆事业纳入本级国民经济和社会发展规划，将公共图书馆建设纳入城乡规划和土地利用总体规划，并加大对政府设立的公共图书馆的投入，将所需经费列入本级政府预算；二是公共图书馆服务网络建设应当坚持政府主导、社会参与，县级以上地方人民政府应当根据本行政区域内人口数量、人口分布、环境条件等因素，确定公共图书馆的数量、规模、结构和分布，加强固定馆舍和流动服务设施、自助服务设施建设；三是地方人民政府应当充分利用街道、乡镇和城乡社区的综合服务设施设立图书室，服务城乡居民。

二、健全公共图书馆运行管理制度

为了引导公共图书馆健康、规范发展，提升其社会效益，草案作了以下规定：一是设立公共图书馆应当具备相应条件；二是公共图书馆设立、变更、终止应当按照国家有关规定办理登记手续，并向馆址所在地省、自治区、直辖市人民政府文化主管部门备案；三是公共图书馆应当配备数量适当且具备一定专业知识与技能的工作人员，政府设立的公共图书馆馆长应当具备相应的条件；四是国家推动公共图书馆建立法人治理结构，建立健全有关组织管理制度，吸纳有关方面代表、专业人士和社会公众参与管理；五是公共图书馆应当根据办馆宗旨和服务对象的需求，广泛收集各类文献信息，并按照有关规定进行整理、保存、处置。

三、进一步发挥公共图书馆服务功能

为了明确公共图书馆应当承担的服务功能，提高公共图书馆服务水平，草案作了以下规定：一是政府设立的公共图书馆应当设置少年儿童阅览区域，配备专业人员对未成年人开展阅读指导和社会教育活动，有条件的地方还可以单独设立少年儿童图书馆；二是公共图书馆应当免费开展文献信息查询、借阅，公共空间设施场地开放，公益性讲座、培训、展览等活动，将推动、引导全民阅读作为重要任务；三是公共图书馆在国家法定节假日、公休日应当开放，应当向社会公告本馆的服务内容、开放时间、借阅规则；四是公共图书馆应当改善服务条件、提高服务水平，定期公告服务开展情况，听取读者意见，接受社会监督；五是政府设立的公共图书馆应当提供特殊群体服务、流动服务、自助服务、数字化服务等。

四、鼓励各方力量参与公共图书馆事业

为了进一步调动各方力量支持、参与公共图书馆事业发展的积极性，草案作了以下规定：一是政府按照国家有关规定对公民、企事业单位、社会团体或者其他组织设立的公共图书馆给予政策扶持；二是国家鼓励公民、企事业单位、社会团体或者其他组织依法向公共图书馆捐赠，并依照有关税收法律、行政法规规定给予税收优惠，境外自然人、法人和其他组织可以依照有关法律、行政法规采取捐赠方式参与我国境内公共图书馆建设；三是公民、企事业单位、社会团体或者其他组织设立的公共图书馆，在设立条件、专业技术人员职称评定、终止后财产处置、运行管理的基本要求等方面与政府设立的公共图书馆同等对待；四是公共图书馆可以依法以捐赠者姓名、名称命名文献信息专藏或者专题活动，公民、企事业单位、社会团体或者其他组织设立的公共图书馆，还可以依法以捐赠者的姓名、名称命名公共图书馆及其馆舍、其他设施；五是鼓励学校图书馆、科研机构图书馆及其他类型图书馆向社会公众开放。

此外，草案还对违反本法的行为规定了相应的法律责任。

《中华人民共和国公共图书馆法（草案）》以及上述说明是否妥当，请审议。

全国人民代表大会法律委员会关于《中华人民共和国公共图书馆法（草案）》审议结果的报告

全国人民代表大会常务委员会：

常委会第二十八次会议对公共图书馆法（草案）进行了初次审议。会后，法制工作委员会将草案印发各省（区、市）、部分设区的市、基层立法联系点和中央有关部门、单位等征求意见，并在中国人大网全文公布草案，征求社会公众意见。法律委员会、教育科学文化卫生委员会和法制工作委员会联合召开座谈会，听取部分全国人大代表和有关部门、专家、图书馆负责人等的意见。法律委员会、法制工作委员会还到一些地方调研，并就草案中的主要问题与有关部门交换意见，共同研究。法律委员会于9月29日召开会议，根据常委会组成人员的审议意见和各方面意见，对草案进行了逐条审议。教育科学文化卫生委员会、国务院法制办公室、文化部的负责同志列席了会议。10月17日，法律委员会召开会议，再次进行审议。法律委员会认为，为了促进公共图书馆事业发展，传承人类文明，保障公民基本文化权益，制定本法是必要的，草案经过审议修改，已经比较成熟。同时，提出以下主要修改意见：

一、草案第二条规定，本法所称公共图书馆，是指经依法登记设立并向社会公众免费开放的图书馆。有的常委委员、专家和社会公众提出，公共图书馆的定义应体现公共图书馆的基本功能；"依法登记"不属于公共图书馆的要素，并且在"设立"一章中已作了规定，没有必要在定义中强调。法律委员会经研究，建议将上述规定修改为："本法所称公共图书馆，是指向社会公众免费开放，收集、整理、保存文献信息并提供查询、借阅及相关服务，开展社会教育的公共文化设施。""前款规定的文献信息包括图书报刊、音像制品、缩微制品、数字资源等。"

二、草案第三条第二款中规定，公共图书馆应当"传播社会主义先进文化"。中央宣传部建议将上述规定修改为公共图书馆应当"传承发展中华优秀传统文化，弘扬革命文化，发展社会主义先进文化"。法律委员会经研究，建议采纳这一意见。

三、有些常委会组成人员和列席人员提出，公共图书馆要与互联网等现代技术相融合，加强数字化、网络化建设，为公众提供更便捷的服务，建议进一步充实相关内容。法律委员会经研究，建议增加以下规定：一是"国家鼓励和支持发挥科技在公共图书馆建设、管理和服务中的作用，推动运用现代信息技术和传播技术，提高公共图书馆的服务效能"。二是在总分馆建设中"完善数字化、网络化服务体系和配送体系"。三是"国家构建标准统一、互联互通的公共图书馆数字服务网络，支持数字阅读产品开发和数字资源保存技术研究，推动公共图书馆利用数字化、网络化技术向社会公众提供便捷服务”。

四、有的常委会组成人员提出，发展公共图书馆事业应注重结合各地实际情况，遵循因地制宜的原则，避免“一刀切”。法律委员会经研究，建议增加以下规定：一是县级以上地方人民政府应当“因地制宜”确定公共图书馆的数量、规模、结构和分布。二是县级人民政府应当“因地制宜建立符合当地特点的”总分馆制，“促进公共图书馆服务向城乡基层延伸。总馆应当加强对分馆和基层服务点的业务指导。”

五、有的常委委员、专家提出，国家图书馆不同于一般的公共图书馆，建议对国家图书馆有关职能作出专门规定。法律委员会经研究，建议增加规定：“国家设立国家图书馆，主要承担国家文献信息战略保存、国家书目和联合目录编制、为国家立法和决策服务、组织全国古籍保护工作、开展图书馆发展研究和国际交流、为其他图书馆提供业务指导和技术支持等职能。国家图书馆同时具有本法规定的公共图书馆的功能。”

六、有的常委会组成人员提出，一些地方的公共图书馆为了增加收入，将馆舍等出租用于商业经营活动，建议作出规范。有些常委委员提出，公共图书馆之间应当加强馆际交流。有些常委委员提出，应加强对公共图书馆馆内活动的管理，确保文化安全。有些常委委员建议对古籍保护和利用等作进一步具体规定。法律委员会经研究，建议增加以下规定：一是“公共图书馆的设施设备不得用于与其服务无关的商业经营活动”。二是“公共图书馆应当加强馆际交流与合作”。三是“公共图书馆不得从事或者允许其他组织、个人在馆内从事危害国家安全、损害社会公共利益和其他违反法律法规的活动”。四是政府设立的公共图书馆应当“根据自身条件采用数字化、影印或者缩微技术等推进古籍的整理、出版和研究利用”，并通过“公益性讲座”等方式，“加强古籍宣传”。

七、有些常委会组成人员提出，政府设立的公共图书馆应当为未成年人、老年人和残疾人等群体提供便利。有的常委委员提出，政府设立的公共图书馆利用自身资源优势，为国家法律法规和政策制定等提供文献信息服务和相关咨询服务，是其公共性的重要体现，建议增加相应规定。有的常委委员和社会公众提出，应当完善公共图书馆读者投诉反馈机制和服务质量考核制度，进一步提升公共图书馆的服务。法律委员会经研究，建议增加以下规定：一是政府设立的公共图书馆应当“为学校开展有关课外活动提供便利”，提供适合老年人、残疾人等群体需要的“无障碍”设施设备和服务等。二是“政府设立的公共图书馆应当根据自身条件，为国家机关制定法律、法规、政策和开展有关问题研究，提供文献信息和相关咨询服务”。三是公共图书馆应当“建立投诉渠道，完善反馈机制”。四是对公共图书馆的考核“应当吸收社会公众参与”，考核结果“作为对公共图书馆给予补贴或者奖励等的依据”。

八、草案第二十九条中规定，公共图书馆在国家法定节假日、公休日应当开放。有些常委委员、地方和社会公众提出，国家法定节假日不同于一般的公休日，建议对公共图书馆在法定节假日的开放时间问题规定得更灵活一些。法律委员会经研究，建议将上述规定修改为：“公共图书馆在公休日应当开放，在国家法定节假日应当有开放时间。”

此外，还对草案作了一些文字修改。

10月11日，法制工作委员会召开会议，邀请部分全国人大代表、全国政协委员、专家和公共图书馆、主管部门等的代表就草案中主要制度规范的可行性、出台时机、实施的社会效果和可能出现的问题等进行评估。普遍认为，草案内容全面，针对公共图书馆事业发展中存在的问题，着力加强公共图书馆服务体系建设，明确政府责任，鼓励社会参与，健全相关管理制度，提高公共图书馆服务效能，对依法保障和促进公共图书馆事业发展具有十分重要的意义。草案经过修改，充分吸收了各方面意见，进一步增强了时代性和专业性，主要制度规范符合公共图书馆事业发展实际，具有较强的针对性和可操作性，已经比较成熟。目前制定出台本法，正当其时，有利于进一步加强公共文化服务体系建设，符合业界和公众期盼，建议尽快审议通过。与会人员还对草案提出了一些具体修改意见，法律委员会进行了认真研究，对有的意见予以采纳。

草案二次审议稿已按上述意见作了修改，法律委员会建议提请本次常委会会议审议通过。

草案二次审议稿和以上报告是否妥当，请审议。

全国人民代表大会法律委员会

2017 年 10 月 31 日

全国人民代表大会法律委员会关于《中华人民共和国公共图书馆法（草案二次审议稿）》修改意见的报告

全国人民代表大会常务委员会：

常委会第三十次会议于 11 月 1 日上午对公共图书馆法（草案二次审议稿）进行了分组审议，普遍认为，草案充分吸收了各方面的意见，已经比较成熟，建议进一步修改后，提请本次会议通过。同时，有些常委会组成人员还提出了一些修改意见。法律委员会于 11

月2日上午召开会议，逐条研究了常委会组成人员的审议意见，对草案进行了审议。教育科学文化卫生委员会、国务院法制办公室、文化部的负责同志列席了会议。法律委员会认为，草案是可行的，同时，提出以下修改意见：

一、有些常委会组成人员提出，党的十九大报告对坚定文化自信，发展中国特色社会主义文化作了重要论述，建议根据十九大精神补充或者修改相关表述。法律委员会经研究，建议作以下修改：一是在草案第一条立法目的中增加“坚定文化自信”。二是将草案第三条第二款中的“弘扬革命文化”修改为“继承革命文化”。

二、草案二次审议稿第二十六条规定，出版单位应当按照国家有关规定向国家图书馆送交正式出版物。有的常委委员提出，为了加强对文献信息的收集保存，出版单位除了向国家图书馆送交外，还应向所在地省级公共图书馆交存正式出版物，建议增加相应规定。法律委员会经研究，建议将上述规定修改为：“出版单位应当按照国家有关规定向国家图书馆和所在地省级公共图书馆交存正式出版物。”

三、有的常委委员提出，公共图书馆向社会公众提供服务，应当体现平等、开放、共享的要求，建议增加相应规定。法律委员会经研究，建议增加规定：“公共图书馆应当按照平等、开放、共享的要求向社会公众提供服务。”

四、有的常委委员提出，推动、引导、服务全民阅读是公共图书馆的重要任务，建议增加促进全民阅读具体措施的规定。法律委员会经研究，建议增加规定：“公共图书馆应当通过开展阅读指导、读书交流、演讲诵读、图书互换共享等活动，推广全民阅读。”

五、有的常委委员提出，为进一步规范和维护公共图书馆秩序，保障广大读者享有良好的阅读环境，建议对读者提出相应要求。法律委员会经研究，建议增加规定：读者应当“自觉维护公共图书馆秩序”。

六、草案二次审议稿第四十八条规定了公共图书馆从事或者允许其他组织、个人在馆内从事危害国家安全、损害社会公共利益活动的法律责任。有的常委会组成人员提出，对上述违法行为，除追究公共图书馆的责任外，还应当追究有关责任人的责任。法律委员会经研究，建议增加“对直接负责的主管人员和其他直接责任人员依法追究法律责任”的规定。

此外，根据常委会组成人员的审议意见，还对草案二次审议稿作了一些文字修改。

在常委会审议中，有些常委会组成人员还对完善有关扶持政策、充分利用现有各类图书馆资源进一步提高图书馆服务水平和加大法律宣传力度等提出了一些具体意见。法律委员会经研究，建议有关方面在本法实施过程中，认真研究常委会组成人员的意见，抓紧制定完善有关配套规定，加大法律宣传力度，切实保障法律的贯彻执行。

草案建议表决稿已按上述意见作了修改，法律委员会建议本次常委会会议审议通过。

草案建议表决稿和以上报告是否妥当，请审议。

全国人民代表大会法律委员会

2017 年 11 月 4 日

附录三

相关法律和政策

中华人民共和国公共文化服务保障法

（2016 年 12 月 25 日第十二届全国人民代表大会常务委员会第二十五次会议通过　2016 年 12 月 25 日中华人民共和国主席令第六十号公布　自 2017 年 3 月 1 日起施行）

目　　录

第一章　总　　则

第一条　为了加强公共文化服务体系建设，丰富人民群众精神文化生活，传承中华优秀传统文化，弘扬社会主义核心价值观，增强文化自信，促进中国特色社会主义文化繁荣发展，提高全民族文明素质，制定本法。

第二条 本法所称公共文化服务，是指由政府主导、社会力量参与，以满足公民基本文化需求为主要目的而提供的公共文化设施、文化产品、文化活动以及其他相关服务。

第三条 公共文化服务应当坚持社会主义先进文化前进方向，坚持以人民为中心，坚持以社会主义核心价值观为引领；应当按照"百花齐放、百家争鸣"的方针，支持优秀公共文化产品的创作生产，丰富公共文化服务内容。

第四条 县级以上人民政府应当将公共文化服务纳入本级国民经济和社会发展规划，按照公益性、基本性、均等性、便利性的要求，加强公共文化设施建设，完善公共文化服务体系，提高公共文化服务效能。

第五条 国务院根据公民基本文化需求和经济社会发展水平，制定并调整国家基本公共文化服务指导标准。

省、自治区、直辖市人民政府根据国家基本公共文化服务指导标准，结合当地实际需求、财政能力和文化特色，制定并调整本行政区域的基本公共文化服务实施标准。

第六条 国务院建立公共文化服务综合协调机制，指导、协调、推动全国公共文化服务工作。国务院文化主管部门承担综合协调具体职责。

地方各级人民政府应当加强对公共文化服务的统筹协调，推动实现共建共享。

第七条 国务院文化主管部门、新闻出版广电主管部门依照本法和国务院规定的职责负责全国的公共文化服务工作；国务院其他有关部门在各自职责范围内负责相关公共文化服务工作。

县级以上地方人民政府文化、新闻出版广电主管部门根据其职责负责本行政区域内的公共文化服务工作；县级以上地方人民政府其他有关部门在各自职责范围内负责相关公共文化服务工作。

第八条 国家扶助革命老区、民族地区、边疆地区、贫困地区的公共文化服务，促进公共文化服务均衡协调发展。

第九条 各级人民政府应当根据未成年人、老年人、残疾人和流动人口等群体的特点与需求，提供相应的公共文化服务。

第十条 国家鼓励和支持公共文化服务与学校教育相结合，充分发挥公共文化服务的社会教育功能，提高青少年思想道德和科学文化素质。

第十一条 国家鼓励和支持发挥科技在公共文化服务中的作用，推动运用现代信息技术和传播技术，提高公众的科学素养和公共文化服务水平。

第十二条 国家鼓励和支持在公共文化服务领域开展国际合作与交流。

第十三条 国家鼓励和支持公民、法人和其他组织参与公共文化服务。

对在公共文化服务中作出突出贡献的公民、法人和其他组织，依法给予表彰和奖励。

第二章 公共文化设施建设与管理

第十四条 本法所称公共文化设施是指用于提供公共文化服务的建筑物、场地和设备，主要包括图书馆、博物馆、文化馆（站）、美术馆、科技馆、纪念馆、体育场馆、工人文化宫、青少年宫、妇女儿童活动中心、老年人活动中心、乡镇（街道）和村（社区）基层综合性文化服务中心、农家（职工）书屋、公共阅报栏（屏）、广播电视播出传输覆盖设施、公共数字文化服务点等。

县级以上地方人民政府应当将本行政区域内的公共文化设施目

录及有关信息予以公布。

第十五条 县级以上地方人民政府应当将公共文化设施建设纳入本级城乡规划，根据国家基本公共文化服务指导标准、省级基本公共文化服务实施标准，结合当地经济社会发展水平、人口状况、环境条件、文化特色，合理确定公共文化设施的种类、数量、规模以及布局，形成场馆服务、流动服务和数字服务相结合的公共文化设施网络。

公共文化设施的选址，应当征求公众意见，符合公共文化设施的功能和特点，有利于发挥其作用。

第十六条 公共文化设施的建设用地，应当符合土地利用总体规划和城乡规划，并依照法定程序审批。

任何单位和个人不得侵占公共文化设施建设用地或者擅自改变其用途。因特殊情况需要调整公共文化设施建设用地的，应当重新确定建设用地。调整后的公共文化设施建设用地不得少于原有面积。

新建、改建、扩建居民住宅区，应当按照有关规定、标准，规划和建设配套的公共文化设施。

第十七条 公共文化设施的设计和建设，应当符合实用、安全、科学、美观、环保、节约的要求和国家规定的标准，并配置无障碍设施设备。

第十八条 地方各级人民政府可以采取新建、改建、扩建、合建、租赁、利用现有公共设施等多种方式，加强乡镇（街道）、村（社区）基层综合性文化服务中心建设，推动基层有关公共设施的统一管理、综合利用，并保障其正常运行。

第十九条 任何单位和个人不得擅自拆除公共文化设施，不得擅自改变公共文化设施的功能、用途或者妨碍其正常运行，不得侵占、挪用公共文化设施，不得将公共文化设施用于与公共文化服务无关的商业经营活动。

因城乡建设确需拆除公共文化设施，或者改变其功能、用途的，应当依照有关法律、行政法规的规定重建、改建，并坚持先建设后拆除或者建设拆除同时进行的原则。重建、改建的公共文化设施的设施配置标准、建筑面积等不得降低。

第二十条 公共文化设施管理单位应当按照国家规定的标准，配置和更新必需的服务内容和设备，加强公共文化设施经常性维护管理工作，保障公共文化设施的正常使用和运转。

第二十一条 公共文化设施管理单位应当建立健全管理制度和服务规范，建立公共文化设施资产统计报告制度和公共文化服务开展情况的年报制度。

第二十二条 公共文化设施管理单位应当建立健全安全管理制度，开展公共文化设施及公众活动的安全评价，依法配备安全保护设备和人员，保障公共文化设施和公众活动安全。

第二十三条 各级人民政府应当建立有公众参与的公共文化设施使用效能考核评价制度，公共文化设施管理单位应当根据评价结果改进工作，提高服务质量。

第二十四条 国家推动公共图书馆、博物馆、文化馆等公共文化设施管理单位根据其功能定位建立健全法人治理结构，吸收有关方面代表、专业人士和公众参与管理。

第二十五条 国家鼓励和支持公民、法人和其他组织兴建、捐建或者与政府部门合作建设公共文化设施，鼓励公民、法人和其他组织依法参与公共文化设施的运营和管理。

第二十六条 公众在使用公共文化设施时，应当遵守公共秩序，爱护公共设施，不得损坏公共设施设备和物品。

第三章 公共文化服务提供

第二十七条 各级人民政府应当充分利用公共文化设施，促进优秀公共文化产品的提供和传播，支持开展全民阅读、全民普法、全民健身、全民科普和艺术普及、优秀传统文化传承活动。

第二十八条 设区的市级、县级地方人民政府应当根据国家基本公共文化服务指导标准和省、自治区、直辖市基本公共文化服务实施标准，结合当地实际，制定公布本行政区域公共文化服务目录并组织实施。

第二十九条 公益性文化单位应当完善服务项目、丰富服务内容，创造条件向公众提供免费或者优惠的文艺演出、陈列展览、电影放映、广播电视节目收听收看、阅读服务、艺术培训等，并为公众开展文化活动提供支持和帮助。

国家鼓励经营性文化单位提供免费或者优惠的公共文化产品和文化活动。

第三十条 基层综合性文化服务中心应当加强资源整合，建立完善公共文化服务网络，充分发挥统筹服务功能，为公众提供书报阅读、影视观赏、戏曲表演、普法教育、艺术普及、科学普及、广播播送、互联网上网和群众性文化体育活动等公共文化服务，并根据其功能特点，因地制宜提供其他公共服务。

第三十一条 公共文化设施应当根据其功能、特点，按照国家有关规定，向公众免费或者优惠开放。

公共文化设施开放收取费用的，应当每月定期向中小学生免费开放。

公共文化设施开放或者提供培训服务等收取费用的，应当报经县级以上人民政府有关部门批准；收取的费用，应当用于公共文化设施的维护、管理和事业发展，不得挪作他用。

公共文化设施管理单位应当公示服务项目和开放时间；临时停止开放的，应当及时公告。

第三十二条 国家鼓励和支持机关、学校、企业事业单位的文化体育设施向公众开放。

第三十三条 国家统筹规划公共数字文化建设，构建标准统一、互联互通的公共数字文化服务网络，建设公共文化信息资源库，实现基层网络服务共建共享。

国家支持开发数字文化产品，推动利用宽带互联网、移动互联网、广播电视网和卫星网络提供公共文化服务。

地方各级人民政府应当加强基层公共文化设施的数字化和网络建设，提高数字化和网络服务能力。

第三十四条 地方各级人民政府应当采取多种方式，因地制宜提供流动文化服务。

第三十五条 国家重点增加农村地区图书、报刊、戏曲、电影、广播电视节目、网络信息内容、节庆活动、体育健身活动等公共文化产品供给，促进城乡公共文化服务均等化。

面向农村提供的图书、报刊、电影等公共文化产品应当符合农村特点和需求，提高针对性和时效性。

第三十六条 地方各级人民政府应当根据当地实际情况，在人员流动量较大的公共场所、务工人员较为集中的区域以及留守妇女儿童较为集中的农村地区，配备必要的设施，采取多种形式，提供便利可及的公共文化服务。

第三十七条 国家鼓励公民主动参与公共文化服务，自主开展健康文明的群众性文化体育活动；地方各级人民政府应当给予必要的指导、支持和帮助。

居民委员会、村民委员会应当根据居民的需求开展群众性文化体育活动，并协助当地人民政府有关部门开展公共文化服务相关工作。

国家机关、社会组织、企业事业单位应当结合自身特点和需要，组织开展群众性文化体育活动，丰富职工文化生活。

第三十八条 地方各级人民政府应当加强面向在校学生的公共

文化服务，支持学校开展适合在校学生特点的文化体育活动，促进德智体美教育。

第三十九条 地方各级人民政府应当支持军队基层文化建设，丰富军营文化体育活动，加强军民文化融合。

第四十条 国家加强民族语言文字文化产品的供给，加强优秀公共文化产品的民族语言文字译制及其在民族地区的传播，鼓励和扶助民族文化产品的创作生产，支持开展具有民族特色的群众性文化体育活动。

第四十一条 国务院和省、自治区、直辖市人民政府制定政府购买公共文化服务的指导性意见和目录。国务院有关部门和县级以上地方人民政府应当根据指导性意见和目录，结合实际情况，确定购买的具体项目和内容，及时向社会公布。

第四十二条 国家鼓励和支持公民、法人和其他组织通过兴办实体、资助项目、赞助活动、提供设施、捐赠产品等方式，参与提供公共文化服务。

第四十三条 国家倡导和鼓励公民、法人和其他组织参与文化志愿服务。

公共文化设施管理单位应当建立文化志愿服务机制，组织开展文化志愿服务活动。

县级以上地方人民政府有关部门应当对文化志愿活动给予必要的指导和支持，并建立管理评价、教育培训和激励保障机制。

第四十四条 任何组织和个人不得利用公共文化设施、文化产品、文化活动以及其他相关服务，从事危害国家安全、损害社会公共利益和其他违反法律法规的活动。

第四章 保障措施

第四十五条 国务院和地方各级人民政府应当根据公共文化服

务的事权和支出责任，将公共文化服务经费纳入本级预算，安排公共文化服务所需资金。

第四十六条 国务院和省、自治区、直辖市人民政府应当增加投入，通过转移支付等方式，重点扶助革命老区、民族地区、边疆地区、贫困地区开展公共文化服务。

国家鼓励和支持经济发达地区对革命老区、民族地区、边疆地区、贫困地区的公共文化服务提供援助。

第四十七条 免费或者优惠开放的公共文化设施，按照国家规定享受补助。

第四十八条 国家鼓励社会资本依法投入公共文化服务，拓宽公共文化服务资金来源渠道。

第四十九条 国家采取政府购买服务等措施，支持公民、法人和其他组织参与提供公共文化服务。

第五十条 公民、法人和其他组织通过公益性社会团体或者县级以上人民政府及其部门，捐赠财产用于公共文化服务的，依法享受税收优惠。

国家鼓励通过捐赠等方式设立公共文化服务基金，专门用于公共文化服务。

第五十一条 地方各级人民政府应当按照公共文化设施的功能、任务和服务人口规模，合理设置公共文化服务岗位，配备相应专业人员。

第五十二条 国家鼓励和支持文化专业人员、高校毕业生和志愿者到基层从事公共文化服务工作。

第五十三条 国家鼓励和支持公民、法人和其他组织依法成立公共文化服务领域的社会组织，推动公共文化服务社会化、专业化发展。

第五十四条 国家支持公共文化服务理论研究，加强多层次专业人才教育和培训。

第五十五条 县级以上人民政府应当建立健全公共文化服务资金使用的监督和统计公告制度，加强绩效考评，确保资金用于公共文化服务。任何单位和个人不得侵占、挪用公共文化服务资金。

审计机关应当依法加强对公共文化服务资金的审计监督。

第五十六条 各级人民政府应当加强对公共文化服务工作的监督检查，建立反映公众文化需求的征询反馈制度和有公众参与的公共文化服务考核评价制度，并将考核评价结果作为确定补贴或者奖励的依据。

第五十七条 各级人民政府及有关部门应当及时公开公共文化服务信息，主动接受社会监督。

新闻媒体应当积极开展公共文化服务的宣传报道，并加强舆论监督。

第五章 法律责任

第五十八条 违反本法规定，地方各级人民政府和县级以上人民政府有关部门未履行公共文化服务保障职责的，由其上级机关或者监察机关责令限期改正；情节严重的，对直接负责的主管人员和其他直接责任人员依法给予处分。

第五十九条 违反本法规定，地方各级人民政府和县级以上人民政府有关部门，有下列行为之一的，由其上级机关或者监察机关责令限期改正；情节严重的，对直接负责的主管人员和其他直接责任人员依法给予处分：

（一）侵占、挪用公共文化服务资金的；

（二）擅自拆除、侵占、挪用公共文化设施，或者改变其功能、用途，或者妨碍其正常运行的；

（三）未依照本法规定重建公共文化设施的；

（四）滥用职权、玩忽职守、徇私舞弊的。

第六十条 违反本法规定，侵占公共文化设施的建设用地或者擅自改变其用途的，由县级以上地方人民政府土地主管部门、城乡规划主管部门依据各自职责责令限期改正；逾期不改正的，由作出决定的机关依法强制执行，或者依法申请人民法院强制执行。

第六十一条 违反本法规定，公共文化设施管理单位有下列情形之一的，由其主管部门责令限期改正；造成严重后果的，对直接负责的主管人员和其他直接责任人员，依法给予处分：

（一）未按照规定对公众开放的；

（二）未公示服务项目、开放时间等事项的；

（三）未建立安全管理制度的；

（四）因管理不善造成损失的。

第六十二条 违反本法规定，公共文化设施管理单位有下列行为之一的，由其主管部门或者价格主管部门责令限期改正，没收违法所得，违法所得五千元以上的，并处违法所得两倍以上五倍以下罚款；没有违法所得或者违法所得五千元以下的，可以处一万元以下的罚款；对直接负责的主管人员和其他直接责任人员，依法给予处分：

（一）开展与公共文化设施功能、用途不符的服务活动的；

（二）对应当免费开放的公共文化设施收费或者变相收费的；

（三）收取费用未用于公共文化设施的维护、管理和事业发展，挪作他用的。

第六十三条 违反本法规定，损害他人民事权益的，依法承担民事责任；构成违反治安管理行为的，由公安机关依法给予治安管理处罚；构成犯罪的，依法追究刑事责任。

第六章　附　　则

第六十四条　境外自然人、法人和其他组织在中国境内从事公共文化服务的，应当符合相关法律、行政法规的规定。

第六十五条　本法自 2017 年 3 月 1 日起施行。

文化部　新闻出版广电总局　体育总局　发展改革委　财政部关于印发《关于推进县级文化馆图书馆总分馆制建设的指导意见》的通知

（2016 年 12 月 29 日　文公共发〔2016〕38 号）

各省、自治区、直辖市文化厅（局）、新闻出版广电局、体育局、发展改革委、财政厅（局），新疆生产建设兵团文化广播电视局、新闻出版局、体育局、发展改革委、财务局：

经国务院同意，现将《关于推进县级文化馆图书馆总分馆制建设的指导意见》印发给你们，请结合实际认真贯彻执行。

特此通知。

文化部
新闻出版广电总局
体育总局
发展改革委
财政部
2016 年 12 月 29 日

关于推进县级文化馆图书馆总分馆制建设的指导意见

推进以县级文化馆、图书馆为中心的总分馆制建设，是构建现代公共文化服务体系的重要任务，对于有效整合公共文化资源、提高公共文化服务效能、促进优质资源向基层倾斜和延伸具有重要的推动作用。近年来，地方各级人民政府和有关部门加大政策支持和资金投入力度，文化馆（站）、公共图书馆（室）设施网络不断完善，服务条件显著改善，但仍存在县级馆服务能力不强、县域内公共文化资源缺乏整合、城乡公共文化服务发展不均衡等突出问题。为推进县域公共文化资源共建共享和服务效能提升，促进县级文化馆、图书馆总分馆制建设，经国务院同意，现提出如下意见。

一、指导思想

全面贯彻落实党的十八大和十八届三中、四中、五中、六中全会精神，深入贯彻习近平总书记系列重要讲话精神和治国理政新理念新思想新战略，认真落实党中央、国务院决策部署，坚持以社会主义核心价值观为引领，坚持以人民为中心，以县为基本单位，以乡村为重点，以统筹发展、提高效能、促进均等为原则，推动具备条件的地方因地制宜推进县级文化馆、图书馆总分馆制建设，发挥县级总馆在县域公共文化建设中的中枢作用，通过分馆把优质公共文化服务延伸到基层农村，增加公共文化产品和服务供给，为更好地满足广大群众基本文化需求创造良好条件，提供有力保障。

二、基本原则

政府主导，统筹实施。发挥县级人民政府在总分馆制建设规划、组织和推进方面的统筹作用，优化县域公共文化资源配置，完善配套措施，鼓励社会参与，确保有序推进。

改革创新，提升效能。围绕建、管、用等关键环节，创新管理体制和运行机制，实现文化资源在县域内联动共享，做到物尽其用、人尽其才，发挥整体优势，提升综合效益。

强化基层，促进均等。以乡村两级为重点，以需求为导向，促进公共文化资源向基层特别是农村倾斜，增加基层公共文化资源总量，保障城乡群众普遍均等地享有基本公共文化服务。

实事求是，分类推进。坚持因地制宜、试点先行，根据东中西地区实际，稳步推进、分类指导，及时总结建设经验，发挥典型示范作用，探索具有不同区域特点的总分馆制。

三、工作目标

到 2020 年，全国具备条件的地区因地制宜建立起上下联通、服务优质、有效覆盖的县级文化馆、图书馆总分馆制，广大基层群众享受的基本公共文化服务内容更加丰富，途径更加便捷，质量显著提升，均等化水平稳步提高。

四、主要措施

（一）把总分馆制建设纳入现代公共文化服务体系。坚持政府主导，科学规划，由省级文化行政部门牵头，有关部门参与，统筹制定本地实施方案和建设规划，由县级人民政府具体组织实施。各地根据实际，综合考虑当地经济社会发展水平、自然条件、人口分布和文化基础等因素，合理确定总分馆的布局、规模和标准。已经实施总分馆制的地方，重在总结经验、完善制度和宣传推广；尚未实施但具备条件的地方，要借鉴成功经验，坚持试点先行，积极探索和选择适合本地实际的总分馆建设模式；暂不具备建设条件的地方，要采取有力措施，尽快达到建设总分馆制的基本要求。

（二）明确功能与运行机制。通过县级文化馆总分馆制，整合县域内群众文化艺术资源，加强对县域内文化活动、文艺创作、文艺辅导、送戏下乡、队伍培训以及演出器材设备调配等方面的统筹。通过县级图书馆总分馆制，整合县域内的公共阅读资源，实行总馆主导下的文献资源统一采购、统一编目、统一配送、通借通还和人员的统一培训。总馆对分馆的管理重在业务指导和资源调配。分馆按照总馆的工作安排和服务标准，面向基层群众提供与总馆水平相当的基本服务。有条件的地方可以探索总馆统一管理或参与管理各分馆人财物。

（三）因地制宜推进总分馆制建设。根据地方实际情况，在试点的基础上积极稳妥推进，主要依托县级文化馆、图书馆和乡镇（街道）综合文化站、村（社区）综合性文化服务中心等进行建设，符合条件的县级馆为总馆，在乡村两级基层综合性文化服务中心设置分馆。推动农家书屋与县级图书馆资源整合和互联互通，符合条件的农家书屋成为图书馆分馆。没有成为分馆的其他基层公共文化设施可以设立基层服务点，作为总分馆服务的补充和延伸。

（四）创新服务方式和手段。总馆和分馆要积极畅通群众文化需求反馈渠道，采取“订单”服务方式，实现供需有效对接。充分发挥互联网等现代信息技术优势，利用国家公共数字文化工程和资源，打造县域公共数字文化服务平台。充分利用流动舞台车、流动图书车等设施和手段，广泛开展流动文化服务，扩大公共文化服务的有效覆盖。

（五）引导社会力量参与总分馆制建设。鼓励具备条件的学校、科研机构、企业等的图书馆（室）、职工书屋、文化室等根据自身职能特点，在自愿原则下成为县级文化馆或图书馆的分馆。鼓励符合条件、具有资质的上网服务场所成为总分馆的基层服务点。鼓励企业、社会组织和其他社会力量，通过直接投资、赞助活动、提供产品和服务，以及采取公益创投、公益众筹等方式，依法依规有序参与总分馆制建设。有条件的地方可探索引入社会专业机构，采取委托管理或连锁运营的方式，通过专业化服务、科学化管理，做好总分馆日常管理运行。大力推进文化志愿服务，动员社会专业人士参与总分馆制管理运行。

（六）进一步健全城乡基层公共文化设施网络。按照填平补齐原则，继续推进县、乡、村三级公共文化设施网络建设。没有县级文化馆、图书馆或设施未达标的县级人民政府，根据实际需要进行必要的新建或改扩建，鼓励充分利用现有设施和资源进行改造。基层综合性文化服务中心建设和运营管理，要主动纳入县级文化馆、图书馆总分馆制统筹推进，优化资源配置，提高服务效能，推动县域内公共文化设施实现有效联通和全覆盖。

五、组织保障

（一）明确工作责任。各地要把建立县级文化馆、图书馆总分馆制作为加快构建现代公共文化服务体系的重要内容，纳入政府重要议事日程，明确时间表、路线图，加快推进实施。各级文化行政部门要加强与有关部门的统筹协调，推动工作开展，形成工作合力。各有关部门要积极配合，加强基层文化资源的共建共享。省级和设区的市级文化馆、图书馆要大力支持县级文化馆、图书馆总分馆制建设，加强业务指导。

（二）提供投入保障。各地要对本地区基本的公共文化设施建设给予支持，完善设施网络，为实施总分馆制提供必要的基础设施条件。地方各级财政部门要通过现有资金渠道，为总分馆制建设和运营中属于公共财政支持范围的事项提供必要的资金支持。鼓励县级文化馆、图书馆总馆在符合有关规定前提下，统筹利用有关资金渠道，按照规划目标统一采购、调配资源。各省（区、市）要对率先开展试点工作并取得积极成果的县（市、区）给予一定支持。

（三）加强队伍建设。各有关部门要在现有编制总量内，落实《国家基本公共文化服务指导标准》（2015—2020年）规定的乡镇（街道）综合文化站编制政策。根据总分馆的规模、服务人口和服务方式，统筹总馆、分馆的人员配置。加强对总分馆工作人员的培训、考核、管理。有条件的地区可通过政府购买服务方式，解决总分馆人员不足的问题。

（四）完善评估机制。地方各级人民政府要把县级文化馆、图书馆总分馆制建设情况纳入公共文化服务考核指标。县级文化行政部门负责对本县总分馆制建设和运行情况进行日常评估和考核，并积极推动考核结果与相关单位预算安排、收入分配和负责人奖惩挂钩。有条件的地方可引入第三方对总分馆服务效能开展公众满意度测评。

后　记

《中华人民共和国公共图书馆法》(以下简称公共图书馆法) 已于2017年11月4日由第十二届全国人民代表大会常务委员会第三十次会议通过，自2018年1月1日起施行。公共图书馆法是我国图书馆领域的第一部全国性法律，是继《中华人民共和国公共文化服务保障法》颁布以来我国文化领域法治建设的又一重大突破。公共图书馆法的颁布实施，将为我国公共图书馆事业的发展、公共图书馆功能的发挥提供重要指导，为保障公民基本文化权益、提高公民科学文化素质和社会文明程度、传承人类文明、坚定文化自信提供强有力的法律保障。为了推动公共图书馆法的宣传学习和贯彻落实，帮助读者准确理解法律条款，文化和旅游部公共服务司委托国家图书馆研究院牵头，组织图书馆领域相关专家组织编写了《中华人民共和国公共图书馆法解读》，供大家学习参考。本书第一章撰写的工作由韩永进同志牵头，汪东波、申晓娟、柯平、贾东琴、李丹、张若冰、张孝天、刘宇初同志参与；第二章撰写的工作由冯守仁同志牵头，贾旭东同志参与；第三章撰写的工作由李国新同志牵头，方家忠、巫志南、范并思、彭琳彦、谭丽琼、陈丽纳、何虹同志参与；第四章撰写的工作由吴建中、陈力同志牵头，李东来、金武刚、张若冰、曲蕴、马春、蔡冰、钟敬忠、莫启仪、李晓辉同志参与；第五章和第六章撰写的工作由吕芳同志牵头，范并思同志参与；附录部分由国家图书馆研究院整理。全国人大教科文卫委员会委员韩永进，全国人大教科文卫委员会文化室朱兵、孙雷，文化和旅游部张永新、李宏、王建华、陈彬斌、白雪华，国家图书馆馆长饶权，对全书内容进行了审核；全国人大教科文卫委员会文化室温泉、李婧一，文化和旅游部政策法规司肖谋用，公共服务司王晓松、石钢斌、张剑、王珊珊、刘惟杰、吴潇潇、范世琦、荆倩金、杨腊，国家图书馆申晓娟、李丹、张若冰、张孝天负责全书统筹及最后的统稿工作并对相关条文解读提出了修改意见。本书力求客观、准确地对法条进行解释，但因时间和水平有限，难免存在疏漏之处，敬请读者批评指正。

2018 年 9 月

图书在版编目（CIP）数据

中华人民共和国公共图书馆法解读/《中华人民共和国公共图书馆法解读》编写组编著. —北京：中国法制出版社，2019.1

ISBN 978-7-5093-9815-9

Ⅰ.①中… Ⅱ.①文… Ⅲ.①公共图书馆-图书馆法-法律解释-中国 Ⅳ.①D922.16.5

中国版本图书馆CIP数据核字（2018）第229568号

策划编辑：谢　雯　　责任编辑：谢　雯　张海洋　　封面设计：蒋　怡

中华人民共和国公共图书馆法解读

ZHONGHUA RENMIN GONGHEGUO GONGGONG TUSHUGUANFA JIEDU

编著/《中华人民共和国公共图书馆法解读》编写组

经销/新华书店

印刷/三河市紫恒印装有限公司

开本/880毫米×1230毫米　32开　　印张/8.25　字数/142千

版次/2019年1月第1版　　2019年1月第1次印刷

中国法制出版社出版

书号 ISBN 978-7-5093-9815-9　　定价：42.00元

北京西单横二条2号

邮政编码 100031　　传真：010-66031119

网址：http：//www.zgfzs.com　　编辑部电话：010-66010405

市场营销部电话：010-66033393　　邮购部电话：010-66033288

（如有印装质量问题，请与本社印务部联系调换。电话：010-66032926）